ENREDOS DE CLIO

───────────────

FUNDAÇÃO EDITORA DA UNESP

Presidente do Conselho Curador
José Carlos Souza Trindade

Diretor-Presidente
José Castilho Marques Neto

Editor Executivo
Jézio Hernani Bomfim Gutierre

Conselho Editorial Acadêmico
Alberto Ikeda
Antonio Carlos Carrera de Souza
Antonio de Pádua Pithon Cyrino
Benedito Antunes
Isabel Maria F. R. Loureiro
Lígia M. Vettorato Trevisan
Lourdes A. M. dos Santos Pinto
Raul Borges Guimarães
Ruben Aldrovandi
Tania Regina de Luca

Editora Assistente
Joana Monteleone

ENREDOS DE CLIO
PENSAR E ESCREVER A HISTÓRIA COM PAUL VEYNE

HÉLIO REBELLO CARDOSO JR.

© 2003 Editora UNESP

Direitos de publicação reservados à:

Fundação Editora da UNESP (FEU)
Praça da Sé, 108
01001-900 – São Paulo – SP
Tel.: (0xx11) 3242-7171
Fax: (0xx11) 3242-7172
www.editora.unesp.br
feu@editora.unesp.br

Dados Internacionais de Catalogação na Publicação (CIP)
(Câmara Brasileira do Livro, SP, Brasil)

Cardoso Junior, Hélio Rebello
   Enredos de Clio: pensar e escrever a história com Paul Veyne/Hélio Rebello Cardoso Júnior. – São Paulo: Editora UNESP, 2003.

   Bibliografia.
   ISBN 85-7139-466-0

   1. Filosofia 2. História – Filosofia 3. Veyne, Paul, 1930 – Crítica e interpretação I. Título. II. Título: Pensar e escrever a história com Paul Veyne.

03-2493   CDD-907.2

Índices para catálogo sistemático:
1. Filosofia e história: Historiografia   907.2
2. História: Aspectos filosóficos: Historiografia   907.2

Este livro é publicado pelo projeto *Edições de Textos de Docentes e Pós-Graduados da UNESP* – Pró-Reitoria de Pós-Graduação e Pesquisa da UNESP (PROPP) / Fundação Editora da UNESP (FEU)

Editora afiliada:

Asociación de Editoriales Universitarias
de América Latina y el Caribe

Associação Brasileira de
Editoras Universitárias

A meu pai

"Só pela revelação e solução de problemas objetivos as ciências se fundam e seus métodos se desenvolvem; nunca, ao invés, as puras considerações epistemológicas ou metodológicas desempenham uma parte decisiva. Tais discussões se tornam importantes para a empresa da ciência quando, em decorrência dos fortes deslocamentos dos 'pontos de vista' sob os quais uma matéria se torna objeto de descrição, surge a imagem de que novos 'pontos de vista' também condicionam uma revisão das formas lógicas com as quais se movera a 'empresa' herdada e daí resulta a insegurança sobre o 'caráter' do próprio trabalho. É indiscutível que esta situação atinge hoje a história..."
(Weber, *Gesammelte Aufsätze zur Wissenchaftslehre* 1968)

SUMÁRIO

Introdução 11

Campo de estudo: pensar e escrever a história 11

Delimitação do tema 14

Considerações sobre o método de exposição 23

1 Tarefa narrativa: objeto histórico e acontecimento 25

Estrutura da tarefa narrativa 25

Tarefa narrativa I: acontecimento como objeto histórico 26

Tarefa narrativa II:
relações entre totalidade histórica e "séries-intriga" 36

2 Tarefa narrativa: inteligibilidade narrativa e causalidade 49

Tarefa narrativa III:
condições de inteligibilidade na narrativa do acontecimento 49

Tarefa narrativa IV:
noção de causa e narrativa histórica como critério de "boa-forma" 57

Tarefa narrativa V: em busca da "causalidade serial" 65

Tarefa narrativa VI: tarefa narrativa e tarefa teórica 77

10 HÉLIO REBELLO CARDOSO Jr.

3 Tarefa teórica: posições cognitivas e teorias históricas **83**

Estrutura da tarefa teórica **84**

Tarefa teórica I:
posições cognitivas e "especificidade" do acontecimento **85**

Tarefa teórica II:
teorias históricas equivalentes a "teorias-intriga" **89**

Tarefa teórica III:
conceitos no "entrecruzamento de itinerários possíveis" **94**

Tarefa teórica IV: problemas da tarefa teórica em relação à
utilização de conceitos na narrativa histórica **101**

4 Tarefa teórica: conceito e generalização **115**

Tarefa teórica V:
generalização da base empírica e "globalidade causal" **116**

Tarefa teórica VI:
função do conceito definida de acordo com a modalidade de
generalização da base empírica **135**

5 Articulação narrativo-teórica, teses narrativistas **153**

Articulação narrativo-teórica **154**

Confrontos:
narrativa histórica segundo as articulações narrativo-teóricas **166**

Conclusão **203**

Referências bibliográficas **209**

INTRODUÇÃO

> "Espero que ninguém se espante se,
> historiador de ofício, eu fale como filósofo: é meu
> direito e meu dever. É tempo de reagir contra o
> complexo de inferioridade (e de superioridade: a
> psicologia nos revela essa ambivalência e a moral
> essa astúcia do orgulho) que os historiadores
> tiveram muito tempo em face da filosofia."
> (Marrou, *De la connaissance historique*, 1958, p.10)

CAMPO DE ESTUDO: PENSAR E ESCREVER A HISTÓRIA

As tentativas de estabelecer relações entre filosofia e história têm originado os mais diversos posicionamentos. Por vários motivos, oscila-se desde a negativa absoluta quanto à possibilidade de cooperação entre ambas até exortações vagas que exaltam a sua união.

Com efeito, recorde-se que palavras de um historiador de peso como Lucien Febvre são capazes de desconcertar e afugentar leitores ou historiadores que também apreciam a filosofia; ele afirmou: "Aliás, permiti-me dizer muitas vezes: os historiadores não têm grandes necessidades filosóficas" (1965, p.4). Naturalmente, tal censura serviria apenas àqueles historiadores que acreditam numa suficiência metodológica adquirida um tanto intuitivamente, de modo que, assim incentivados, põem-se a perscrutar com ânimo redobrado a atmosfera repleta dos arquivos.

Ressalve-se, no entanto, que a rigidez desse posicionamento é em parte verdadeira e em parte falsa. Verdadeira, pois dá-se que os filósofos tendem a esquecer os limites materiais do conhecimento histórico, ou seja, os acontecimentos encontrados nos documentos, de maneira que passam a prescrever uma filosofia da história "no sentido hegeliano, especulação sobre o devir da humanidade" (Marrou, 1958, p.11, 17-8). Falsa, pois uma reação cega não pode vislumbrar a possibilidade de cooperação entre filosofia e história do ponto de vista epistemológico.

Porém, este último posicionamento, embora indique uma certa positividade, é ainda uma exortação bastante vaga. De fato, o historiador ficará insatisfeito se a cooperação epistemológica se estabelecer em dois sentidos. Em primeiro lugar, e espontaneamente, ao historiador devotado ao afã da investigação parecerá insuficiente, e talvez contraditório, que se demande da filosofia apenas uma disciplina capaz de examinar os problemas de ordem lógica suscitados pela pesquisa empírica. Em segundo lugar, supondo que o mesmo historiador arrisque preocupações filosóficas mais ambiciosas, desconfia que uma intervenção da filosofia em questões de ordem cognitiva atinentes à objetividade do conhecimento histórico poderia novamente abrir o flanco à metafísica que ele julgava ter evitado com a rejeição à filosofia da história.

Em ambos os casos, vale notar, o historiador reage com razão, pois o seu trabalho está sendo literalmente monitorado e superposto pela filosofia.

Por seu turno, o filósofo não deseja ver o historiador sufocado dessa maneira. Refletirá um pouco e constatará que historiadores clássicos como Tucídides, Edward Gibbon e Marc Bloch não estão vinculados a nenhum dos dois modos de conceber as relações entre filosofia e história, e, entretanto, realizaram obras históricas reconhecidas. Por outro lado, o filósofo, compreensivelmente, não pode admitir que essas admiráveis realizações da historiografia se façam às expensas da filosofia. É para ele inconcebível que ali, no interior do trabalho do historiador, já não esteja guardada alguma lição que deva ser trazida à luz, de modo que a filosofia possa, enfim, cooperar adequadamente com a história.

Sendo assim, o espírito do filósofo povoa-se de sentimentos desencontrados. A sua tarefa é complexa. Ele precisa indicar a contribuição da filosofia à história e, simultaneamente, respeitar a liberdade do historiador para que este não se sinta constrangido e continue sendo um bom narrador, isto é, que conte bem uma história como Tucídides, Gibbon ou Bloch. Começará, então, pelo mais simples, formulando uma tarefa filosófica nos seguintes termos: a cooperação entre filosofia e história deve, em princípio, acolher a autonomia de ambas em suas relações de convivência.

Uma forma de encaminhar de modo desajeitado essa questão é ilustrada pela escaramuça que envolveu L. Althusser e E. P. Thompson após a publicação de *A miséria da teoria*, na qual o historiador procura averiguar os supostos equívocos da teoria da história do filósofo. Sem que nada de concreto tivesse sido resgatado da contenda, Althusser declarou em uma entrevista o seguinte: "Filósofo que sou, não caio nas armadilhas da política pública cotidiana" (Althusser, 1978). Ao que retrucou Thompson prontamente: "Historiador que sou, eu também não caio" (1978, p.210). Pode-se, certamente, reduzir essa contenda à expressão de um processo psicológico entendido, segundo Kierkegaard, como a interrupção de uma reflexão, de forma que o seu objeto ficasse congelado como uma "idéia fixa" (Kierkegaard, s.d., p.55). Mas é também possível, legitimamente, pensá-la como caso particular de um problema que ela escamoteia, o das formas de convivência entre filosofia e história.

É esse problema geral que justifica o estudo aqui realizado.

Para tanto, fez-se necessário que nos ativéssemos ao fio condutor fornecido pelos trabalhos teóricos de Paul Veyne. Neles, encontramos Veyne como historiador convertido à reflexão de sua própria prática historiográfica; situação que Merleau-Ponty, por exemplo, para citarmos um filósofo interessado na história, configurava como sendo já filosófica (Merleau-Ponty, 1960, p.11).

DELIMITAÇÃO DO TEMA

O fio condutor

Como fio condutor de um dos encaminhamentos desse problema, tomaremos os escritos teóricos de Paul Veyne. Em primeiro lugar, justifica-se a escolha de Paul Veyne diante de características que o qualificam. Veyne, como se sabe, é reconhecido tanto pelo seu trabalho como historiador quanto por seu trabalho teórico. Explicitamente, a obra de Paul Veyne nega algumas das principais posições filosóficas concernentes à teoria da história, a saber:

a) nega a filosofia da história como tendência totalizadora de um sentido da história;
b) nega o empiricismo da prática historiográfica;
c) nega, por fim, toda a epistemologia que infunde à história um caráter cientificista ou legalista.

Esses pontos serão explicitados à medida que a apresentação do percurso teórico de Veyne der oportunidade ao confronto com essas posições filosóficas.

O trabalho de Veyne, de fato, percorrendo lacunas deixadas por essas alternativas teóricas, orienta-se no duplo registro da filosofia e da história. Sendo assim, as paisagens que Veyne descortina ante nossos olhos precisam ser sistematizadas e esclarecidas.

Enfim, a finalidade do esforço teórico de Veyne casa-se apropriadamente com os termos do problema filosófico anteriormente delimitado. Ele procura intercambiar filosofia e história, de modo a não elidir as peculiaridades desta última considerada como conhecimento. Por isso é necessário observar, concretamente, em que pontos a trajetória teórica de Veyne possibilita a apreensão de uma nova forma de relacionamento entre filosofia e história.

O percurso teórico de Veyne

Importância

No quadro das relações que a filosofia mantém com a história, dois aspectos devem ser destacados. Antes de mais nada, a filosofia

ENREDOS DE CLIO: PENSAR E ESCREVER A HISTÓRIA COM PAUL VEYNE   15

da história, no sentido hegeliano do termo, entrou em crise. Por outro lado, o esforço de balizamento teórico-metodológico da história pela epistemologia parece ter-se atenuado. Pode-se afirmar que a obra de Paul Veyne, distanciando-se dessas duas posições, promove um novo regime de nexos entre a elaboração filosófica e a pesquisa histórica.

Em vista disso, torna-se interessante averiguar em que pontos exatamente efetua-se a ruptura com o estado de coisas precedente, e também quais as implicações resultantes da nova situação.

A narrativa histórica, nesse encontro entre filosofia e história, adquire uma nova definição. É que, com Paul Veyne, radicaliza-se a consciência dos historiadores em relação a novos problemas, a novos métodos, a novos objetos. Como é também exemplar sua pergunta pelas práticas subjacentes aos objetos históricos naturalizados, cristalizados, como o "o Estado", "o Poder" etc. A narrativa passa a ser o lugar de conceitos que se ligam internamente a práticas concretas. Quer dizer, a pergunta pela prática faz da narrativa o lugar apropriado para a elaboração e a apresentação de conceitos que, por assim dizer, refletem a perda da ilusão naturalista na história. No interior desse quadro genérico, um estudo dos trabalhos de Paul Veyne parece oferecer oportunidade para investigar as novas e complexas relações entre o trabalho do filósofo e o do historiador.

Ensaio de epistemologia da história

Em *Como se escreve a história*, de 1971, a tônica já é a recusa da filosofia da história. Sendo assim, nesse livro, subtitulado "ensaio de epistemologia", Veyne estabelece uma gama variada de aliados teóricos com os quais pretende resguardar aquilo que parece essencial à história.

Antes de mais nada, é impossível que a história seja amealhada por uma visão totalizadora, de modo que se pudesse indicar nela um processo evolutivo com sentido determinado. Quer dizer, o campo da história é constituído por acontecimentos singulares entre os quais não existe uma hierarquia que privilegie uns como "mais históricos" em detrimento de outros "menos significativos" para o andamento da história (Veyne, 1971, p.20). Tudo o que o historiador pode fazer é recortar esse campo de acontecimentos singulares a partir da definição arbitrária de temas que os reúnam e permitam que se constituam numa narrativa inteligível: "A escolha de um tema de história é livre, mas no interior do tema escolhido os fatos e suas ligações são o que são e nada poderá modificar isso" (ibidem, p.46).

Como inexiste uma organização *a priori* dos acontecimentos, conseqüentemente a própria noção de causalidade destinada a explicar sua ocorrência resulta modificada. Não há um primeiro motor que se destaca dos próprios acontecimentos; a causa de um evento é simplesmente outro evento que antecede aquele na ordem do tempo. Logo, a causa deve ser ela própria um acontecimento tão passível de explicação quanto seu conseqüente, isto é, "as causas são os diversos episódios da intriga" (ibidem, p.115).

Nessa perspectiva, mesmo a teoria da história tem o seu alcance diminuído e passa a ter eficácia apenas tópica como resumo de uma seqüência inteligível de eventos. A teoria da história, assim, não se separa radicalmente da singularidade dos fenômenos, de maneira que se integra à narrativa histórica como dispositivo votado à explicação (ibidem, p.146-7).

Graças a essas características, o progresso possível do conhecimento histórico dá-se em dois sentidos interligados. Por um lado, por meio da ampliação dos "tópicos históricos", isto é, novas questões que rearranjam os acontecimentos em "intrigas" de acordo com a curiosidade do historiador ou das necessidades que presidam à sua investigação, propiciando indefinidamente a criação de objetos inéditos. Por outro lado, o progresso do conhecimento histórico alimenta-se do esforço de conceituação dos acontecimentos a partir do acúmulo de tentativas nesse sentido, ou seja, o historiador deve lançar mão da cultura histórica e teórica à sua disposição. Não podemos conhecer o evento "Guerra do Peloponeso" mais ou melhor que Tucídides; podemos apenas formular questões e elaborar conceitos que não estavam a seu alcance, o que o lastro cultural atualmente nos permite. Em suma, o aprofundamento do conhecimento histórico deve-se a uma complexidade maior do campo nocional acionado na reconstituição do passado, evitando-se a perspectiva proposta pela filosofia da história no sentido clássico (ibidem, p.268).

A história não tem método definido; o que ela tem de fazer é explicar os acontecimentos, torná-los compreensíveis quase em um sentido coloquial, sem o apelo a teorias excessivamente abstratas ou a uma causalidade superior ao plano dos eventos (ibidem, p.132). Por isso também à história está interditado o destino da ciência, no sentido do estabelecimento de leis. Quando muito, pode presidi-la uma epistemologia que dê conta da peculiaridade do objeto histórico. Tal epistemologia apresentaria um caráter híbrido; por um lado, liga-se ao projeto de racionalização complexa aludido, e, por outro, à problemática estética da "boa-forma", pois "não basta que uma verdade seja descoberta, mas, ainda, que ela entre no sistema sublunar da história sem deformá-lo" (ibidem, p.207).

Este último aspecto revela o papel atribuído à narrativa histórica pelo ensaio de epistemologia de Veyne. A narrativa é a forma natural para a apresentação e o desenvolvimento de objetos e de teorias relativos a um mundo onde a contingência e o acaso têm um peso maior do que a necessidade.

História e técnica conceitual

Por sua vez, o texto "História conceptualizante", de 1974, objetiva contribuir com o ensaio de epistemologia da história iniciado anteriormente em *Como se escreve a história*. Segundo diagnóstico feito então, a tarefa de conceituação histórica induz agora Veyne a determinar a necessidade de elaborar uma história não factual em oposição à história que se mantém ao nível das fontes, isto é, que narra apenas o desfilar dos eventos sem nenhum aprofundamento explicativo.

De acordo com esse objetivo, Veyne vai procurar desenvolver determinados mecanismos de cunho metodológico destinados a coordenar conceitos em uma tópica histórica a fim de capacitar o historiador a operar com sistemas hipotéticos-dedutivos aproximados (Veyne, 1974, p.72).

Veyne projeta um quadro bastante otimista quanto às possibilidades do conhecimento histórico, embora a trajetória por ele assinalada não contribua para tornar a história uma ciência no sentido referido. Veyne é consciente desse fato e não encara tal particularidade como uma deficiência. A história comporta apenas "núcleos

Filosofia e história científica

Até esse momento da reflexão de Veyne, a história apresenta um interesse de ordem filosófica que, no entanto, estabelece-se indiretamente por meio do impulso epistemológico. Tal situação mudaria de figura no momento em que se vislumbrasse a possibilidade de se constituir uma história científica, o que seria efetivado principalmente mediante a objetivação do devir histórico. Nesse ponto, a filosofia aparece como constitutiva do saber histórico e não apenas como assessora epistemológica do esforço de racionalização da história.

Tal deslocamento em suas posições inicia-se em 1976, com a aula inaugural intitulada "O inventário das diferenças". Traça um paralelo entre a história e a sociologia no tocante à especificidade dos objetos sobre os quais cada uma se aplica, bem como de suas respectivas inserções no domínio das disciplinas científicas. Com isso, consegue determinar o que elas têm em comum e onde seus enfoques se separam.

Nessa oportunidade, Veyne continuará se preocupando com as condições que capacitem a criação de dispositivos teóricos para a história. Aqui, contudo, além da utilização de conceitos como os elementos por excelência da explicação histórica, aconselha-se o historiador a elaborar "constantes" em relação às quais os acontecimentos serão individualizados e poderá ser conhecida a sua diversidade. Porém, adverte-se, o princípio formativo de uma constante deve evitar que ela se cristalize em "objetos invariáveis" e, para tanto, deve dotá-la de certos mecanismos que explicitem sua própria geração e modificação históricas (Veyne, 1983, p.19-20). Em uma palavra, trata-se de historizar constantes trans-históricas.

Ora, a tentativa de individualizar os acontecimentos por meio de uma constante subentende o acesso à teoria; quer dizer, o tratamento dispensado aos acontecimentos é a atitude de qualquer ciência diante de seu objeto. Então, a "história é congenitamente científica" (ibidem, p.47). Não obstante, esse aspecto ainda não é suficiente para caracterizar o conhecimento histórico em sua peculiaridade; apenas define o pano de fundo dele em relação à atitude das ciências em geral e, em particular, com relação à sociologia. Diversamente, porém, a história precisa compor o "inventário completo" dos acontecimentos subsumidos a uma constante. Logo, "a história é uma ciência das diferenças" (ibidem). Nisto se aninha a peculiaridade da história; trata-se da última *ratio* de sua cientificidade. Veyne persegue esse intento em sua realização historiográfica de maior fôlego, *Le pain et le cirque*, na qual indica que realizará um trabalho de história conceitual aplicado a compor o inventário das diferenças (Veyne, 1976, p.9-13).

Essa definição de uma história científica corresponde a uma polarização tal que a problemática da narrativa histórica é redefinida. Desta feita, não como anteriormente pelo o ângulo unicamente do equilíbrio estético. Como a história caracteriza-se por fundir o esforço teórico-conceitual ao inventário de acontecimentos individualizados pela sucessão temporal ("ciência das diferenças"), a narrativa aparece como o elemento unificador desses dois âmbitos. A narrativa histórica, em decorrência dessa função determinante, define em última instância a história em face das demais ciências.

Filosofia da diferença e história científica

Mas toda essa configuração apenas prenunciava a reviravolta advinda com o ensaio "Foucault revoluciona a história", de 1978. Nesse momento da reflexão de Veyne, sob o influxo da contribuição filosófica de Foucault, assistimos à catalização e à reorientação de alguns pontos dispersos em seus estudos teóricos. Tal estabelecimento, por assim dizer, fornece o acabamento para a história científica. Trocando em miúdos, Veyne demonstra aí a superação de um estado que parecia, se não definitivo, pelo menos tranqüilizador, pois a história liberta-se da bipartição de seu estatuto científico entre ciência conceitual e ciência da diferença.

De saída, Veyne sente-se à vontade para definir um método/estratégia destinado a extirpar os grandes males que pesam sobre a teoria da história, a saber, os "objetos naturais" e as "causas materiais" (Veyne, 1978, p.354). Tal efeito depurativo é levado a cabo pelo privilégio dado a uma noção da filosofia da diferença de Foucault: a noção de "prática".

"As práticas são o que fazem as pessoas" (ibidem, p.355), definição breve e aparentemente banal, que comporta pelo menos duas conseqüências-chave para a história. Em primeiro lugar, são as práticas que definem as diferenças históricas que geralmente aparecem reificadas, como o Estado ou a Ideologia. Em segundo lugar, as práticas são descrições de configurações históricas determinadas, ou seja, não são uma instância à parte que seja explicada de maneira diversa da de suas objetivações.

A pergunta pela prática é sempre um território livre onde o historiador aguça sua capacidade de visão. Pois onde o historiador deve cessar a enunciação das práticas que se engavetam umas nas outras? Cada um poderá desvendar um contorno original que identifique uma prática "mais subterrânea" que explique de forma mais abrangente um objeto natural. A pergunta pela prática encerra um esforço de conceituação ancorado na própria historicidade do objeto. O historiador pretende superar a visão espontânea que vê na história o fio cronológico dos acontecimentos ou um sentido a ser revelado; e é por isso "que não há inconveniente grave em denominar essa prática 'parte oculta do *iceberg*'" (ibidem, p.358). É também o lugar em que a estranheza do mundo se reinstala, instigando a interrogação e, com ela, o senso filosófico.

A própria narrativa histórica deixa de ser o plasma no qual circulam elementos científicos, como as constantes. É como se a narrativa voltasse a si mesma restituindo a aparente ingenuidade que a aproxima da arte, sem contudo abdicar de seus ganhos em termos de cientificidade, pois a história é narrativa das intrigas que "são a história das práticas" (ibidem, p.384). O que equivale a dizer que a narrativa apresenta a história de acordo com esses conceitos que se definem nas próprias práticas concretas.

Veremos tudo isso mais demoradamente.

Convivência autônoma: filosofia e história face a face

De acordo com as passagens aqui reunidas, torna-se possível assinalar na obra teórica de Paul Veyne um traço de articulação

ENREDOS DE CLIO: PENSAR E ESCREVER A HISTÓRIA COM PAUL VEYNE 21

entre história e filosofia, que, difuso a princípio, passa a se afirmar cada vez mais. Nesse traço se concentram as implicações mais significativas das complexas relações entre o trabalho do filósofo e o trabalho do historiador. A obra de Paul Veyne mantém com a filosofia de Foucault uma relação de convivência autônoma, vale dizer, uma relação que transcende, de um lado, a mera submissão a uma filosofia da história e que não se limita, de outro, a uma observância formal de imperativos de uma rede epistemológica.

Como isso é teoricamente possível? É que a filosofia de Foucault, justamente por sua procura de um transcendental-imanente (o conjunto das práticas), faz um apelo interno à história ao estabelecer como fundamental a determinação das condições históricas de constituição dos objetos interrogados (incluindo aí o próprio sujeito do conhecimento). Ora, essas condições são justamente as "práticas" que instauram no mundo os objetos tomados como naturais. Portanto, acolhendo essa estratégia de interrogar as práticas submersas, Veyne está utilizando metodologicamente essa inclinação filosófica por uma história a ser reescrita e renovando a maneira de contar a história, pois se trata também agora de superar a vocação empirista que fixa o historiador ao imediatamente coletado.

No bojo dessa mesma perspectiva, por duas ocasiões observamos que podemos chamar a atenção para a questão de saber como escrever a história conduz à filosofia. O cerne das incursões filosóficas de Veyne permite acrescentar ao tratamento estético da referida temática um viés que capacita observá-la também como dado característico da cientificidade da história. Parece-nos que essa problemática resolve-se no mesmo sentido que segue Veyne para rechaçar os preconceitos filosóficos que recaem sobre a história.

A filosofia passa a ser incorporada à tecnologia de conceitos e questões da história. Este último passo de Veyne no campo teórico nos indica uma abertura autônoma do conhecimento histórico à filosofia. Há um interessante paradoxo a ser examinado com mais vagar: quando se apresentava como ensaio de epistemologia, a obra de Paul Veyne não via a história como dotada de um método e capaz de ser ciência; ao aproximar-se da filosofia (de Foucault) essa obra encontra um método para uma história cientificamente conduzida, isto é, julga-se agora capaz não de promover uma filosofia da história, mas de articular-se com conceitos produzidos alhures e, com essa articulação, afiar sua competência no exame metódico dos fenômenos.

É interessante assinalar esse aparente paradoxo em que a cientificidade se constitui na relação autônoma com uma filosofia e não em decorrência da observância de padrões epistemológicos. Aparente, pois o esforço de Foucault pode ser lido como caudatário de um trabalho de ampliação da cientificidade.

Tal mudança em última instância somente se cumpre por intermédio de uma filosofia da relação na qual se ancora a noção foucaultiana de "prática". Com isso Veyne afasta, do ponto de vista filosófico, as correntes de pensamento que haviam prejudicado a história, seja pela filiação a uma filosofia do sujeito, seja a uma filosofia do objeto (Veyne, 1978, p.365, 383).

Mas, se as reflexões de Veyne remetem a um universo filosófico tão vasto, não caberia um pronunciamento sobre a sua competência como leitor de textos filosóficos? Com certeza tal "julgamento" parece-nos desnecessário, pois um historiador tem o direito de transformar as noções que estão à sua disposição no interior do saber a que se dedica (Merleau-Ponty, 1985, passim). Importa, sim, que possamos descrever essa trajetória e explicitar em pormenor alguns dos principais momentos desse verdadeiro rastrear em busca da filosofia.

Finalmente, cumpre deixar clara a preocupação básica que subjaz à leitura da obra de Veyne por nós apresentada e que gerou as questões anteriormente assinaladas. Trata-se de demonstrar, especificamente através dos pontos por nós levantados, tanto na reflexão de Veyne quanto no espectro filosófico que a circunscreve, que certa filosofia da diferença contribui para a racionalização do discurso historiográfico, aguçando a consciência de sua cientificidade. Isto, ressalte-se, contrariando a pecha de ser presa de um irracionalismo genérico, o qual validaria as acusações dirigidas a essa vertente do pensamento filosófico contemporâneo (Giannotti, 1985, passim). Mas tal discussão só se completaria com a análise dos trabalhos especificamente historiográficos de Paul Veyne, quando

ENREDOS DE CLIO: PENSAR E ESCREVER A HISTÓRIA COM PAUL VEYNE

então se verificaria essa almejada ampliação da apreensão racional dos acontecimentos. Infelizmente, não podemos, aqui, levar a discussão até esse ponto. Investigaremos apenas a dimensão por assim dizer teórico-programática.

O principal objetivo do presente trabalho é precisar questões teórico-filosóficas que o historiador pode levar em conta em suas leituras historiográficas e na pesquisa histórica. O trabalho aqui apresentado entrega-se à análise dessas questões.

CONSIDERAÇÕES SOBRE O MÉTODO DE EXPOSIÇÃO

Desenvolvemos nosso trabalho em cinco capítulos. Os quatro primeiros procuram definir e encadear os elementos constitutivos da tarefa narrativa (contar a história e contá-la bem) e da tarefa teórica (o arcabouço conceitual que funciona na narrativa). No quinto e último capítulo, apresenta-se o acoplamento entre tarefa narrativa e tarefa teórica, demonstrando-se a estrutura desse acoplamento e, assim, apresentando as estratégias de articulação entre as questões da tarefa narrativa e da tarefa teórica.

Os quatro primeiros capítulos estão arranjados de acordo com uma seqüência temática: objeto da história, causalidade histórica, conceito e acontecimento, conceito e totalidade histórica.

O último capítulo, no qual se explicita um "mecanismo de acoplamento narrativo-téorico", examina as principais "teses narrativistas" propostas por várias correntes filosóficas.

É oportuno ainda assinalar que seguiremos uma ordenação das tarefas teóricas, contudo não há nessa ordem uma prescrição para o trabalho do historiador, como se fosse um guia. Na verdade, essas tarefas são pontos de reflexão suscitados por todo trabalho historiográfico.

I TAREFA NARRATIVA:
OBJETO HISTÓRICO E ACONTECIMENTO

> "A ciência social tem quase horror ao
> acontecimento. Não sem razão: o tempo curto é a
> mais caprichosa, a mais enganadora das durações."
> (Braudel, *Écrits sur l'histoire*, 1969, p.46)

ESTRUTURA DA TAREFA NARRATIVA

Procuraremos observar, segundo um conjunto de problemas reunidos a partir da obra de Veyne, os elementos do que denominamos tarefa narrativa. Essa tarefa envolve simplesmente a questão de que todo historiador deve contar a história e contá-la bem. Além disso, a tarefa narrativa deve ser cumprida de tal maneira que seus elementos possam contar, apropriadamente, com o esforço de elaboração teórica proveniente da chamada tarefa teórica.

Os elementos definidos serão, basicamente, o objeto e a causalidade históricos adequados ao regime narrativo. O encaminhamento desse objetivo tomará a forma da definição desses elementos segundo Paul Veyne em confronto com outras definições dos mesmos elementos que se estabelecem a partir de pontos de vista diversos. Como veremos, certas definições do objeto e da causalidade históricos se apóiam em pressupostos que complicam ou viciam a descrição de objetos e a explicação causal. Por esse motivo básico, pode-se dizer que a tarefa narrativa se pauta pela liberação do historiador diante do esforço de escolha, descrição e explicação dos objetos e dos nexos causais relativos a esses objetos. Em vista disso, passamos a analisar os componentes da tarefa narrativa a partir do seguinte campo de tópicos:

- Tarefa narrativa I: acontecimento como objeto histórico;
- Tarefa narrativa II: relações entre totalidade histórica e "séries-intriga";
- Tarefa narrativa III: condições de inteligibilidade na narrativa do acontecimento;
- Tarefa narrativa IV: causalidade histórica e narrativa histórica como critério de "boa-forma";
- Tarefa narrativa V: em busca da "causalidade serial";
- Tarefa narrativa VI: tarefa narrativa e tarefa teórica.

TAREFA NARRATIVA I:
ACONTECIMENTO COMO OBJETO HISTÓRICO

O objeto histórico delimita-se como operação específica do conhecimento

A finalidade humana é uma particularidade que não afeta essencialmente o conhecimento histórico

A presença humana, conforme Aron (1948, p.147), define se um fato é digno de determinada história. Essa história é dita história humana. Pois bem, quando a tarefa é conhecer outros seres semelhantes a nós, guiamo-nos pela familiaridade que espontaneamente resulta desse reconhecimento. Com efeito, a compreensão de eventos relativos ao homem liga-se diretamente com aqueles elementos que julgamos conhecer em nós e que pensamos reconhecer nas ações humanas envolvidas nos fatos históricos: a faculdade que projeta e delibera as ações, a determinação por fatores externos e o acaso. O objeto histórico, enfim, "dissolve-se" em seus significados humanos, e somente assim torna-se inteligível para nosso pensamento.

Ora, se é verdade que o fato histórico pode ser delimitado pela conjugação desses três elementos, então o campo da história ficaria satisfatoriamente bem definido, pois é bastante difundida a afirmação aroniana de que "o passado do qual contamos a história é feito de nós", sendo ele "nossa própria vida" (Aron, 1969, p.41). A tarefa de definir um domínio de investigação a partir da função cognitiva do sujeito indicaria as condições de um conhecimento histórico objetivo, isto é, indicaria que "a crítica da razão histórica determina os limites e não os fundamentos da objetividade histórica" (ibidem, p.290).

Porém, é necessário considerar melhor o que vem a ser essa familiaridade que domina nosso conhecimento da história do homem, examinando suas conseqüências para o conhecimento histórico. Possuiriam determinados tipos de fatos um estatuto interno ou uma essência, de modo que pudessem ser apropriadamente colocados sob a égide da história? Ou ainda: a presença humana nesses fatos seria capaz de interligá-los indicando, para a história, um sentido ou fim oculto por trás dos atos humanos?

Pode-se perguntar, também, como faz Veyne, se a presença humana pode ser tomada apenas como uma "particularidade" restrita à "operação do conhecimento" (Veyne, 1971, p.13-4), de modo que o historiador não tivesse de manifestar-se a respeito de uma hipotética essência humana dos fatos.

O deslocamento da primeira para a segunda das posições acima traz uma conseqüência significativa. O conhecimento histórico, como qualquer outro conhecimento, escolhe uma determinada ótica, pois a história deve tomar "partido por um determinado modo de conhecer" (ibidem, p.13). Fica, portanto, livre da contestável essencialidade do fato. Focaliza-o apenas de acordo com a suposição de que um fato pode ser tomado objetivamente na sua ligação com elementos humanos. A história humana indica os vestígios da presença humana que se cristalizam nos chamados fatos e não as estruturas ontológicas destes últimos.

Tal problema fica mais claro se pensarmos que a natureza também tem uma história; e basicamente pelas mesmas razões que os homens têm a sua. Dependendo da ótica, os fatos podem ser estudados como fenômenos ou como individualidades. No primeiro caso, procura-se uma invariável, uma lei oculta; tal é o caso das ciências físicas e das ciências sociais. No segundo caso, o fato interessa como acontecimento, ou seja, por sua originalidade e unicidade; tal distinção orienta as ciências cosmológicas, como a geologia ou a história do sistema solar, e a história humana de acordo com a distinção estabelecida por Cournot (1982, p.16673). Sendo assim, a história pode ser tanto relativa a acontecimentos naturais, conforme estes sejam tomados em sua individualidade, quanto a acontecimentos humanos, e pela mesma razão. Tal é o que tem em mente Veyne ao afirmar que o "finalismo humano não traz conseqüências para a epistemologia da história" (1971, p.14).

Porém como caracterizar esses acontecimentos, de modo que o historiador não precise se manifestar sobre a sua estrutura ontológica ou sobre a relação entre eles e a essência humana?

Definição do acontecimento como objeto da história: insuficiência do critério material

O que interessa à história, portanto, são os acontecimentos, aqueles fatos que não se repetirão. Só há história dessas "variações" (Veyne, 1971, p.15).

Não há história do "homem", mas apenas eventos que o singularizam com o passar do tempo; não há história da "guerra" entendida como fenômeno submetido a uma lei, a história contará esta ou aquela guerra. Os diversos acontecimentos, sejam eles relativos ao homem ou à guerra, não podem ser tomados como efeitos periféricos de algo que permaneceria como um "fundo uniforme". A história, para Veyne, não se preocupa com esta unidade intangível: o homem, a guerra, a não ser que tais noções genéricas sejam substituídas por elaborações conceituais mais complexas (Veyne, 1974, p.69-70), a exemplo do que realiza Clausewitz em seu famoso livro sobra a guerra (1955, p.69, 117-24, 126-7, 172-7).

Sendo assim, a história não pode conhecer a priori por não ser conhecimento de essência. Ela não pretende alcançar primeiras verdades. Além disso, não é sua tarefa fazer um inventário exaustivo de tudo o que encontrar. Alguns eventos são para ela desprezíveis; por exemplo, a história não se interessa pelo fato de que o homem se alimenta, mas pelo fato de ele se alimentar de formas diferentes. Como veremos, na variabilidade se instala uma qualidade do acontecimento, pois "é acontecimento tudo que não é evidente" (Veyne, 1971, p.18).

Logo, o objeto da história – acontecimento – faz com que o conhecimento histórico se situe no território definido entre o que está aquém do acontecimento – as primeiras verdades – e o que está como que disperso em sua exterioridade, vale dizer, as facticidades evidentes.

Porém, no interior desse território, é preciso saber o que individualiza o acontecimento para torná-lo digno da história. Ora, certamente não é a "matéria" que os distingue entre si. Materialmente um acontecimento pode se repetir exatamente como outro; por exemplo, D. Pedro I passou várias vezes pelas proximidades do Ipiranga.

O critério material é insuficiente para distinguir o acontecimento. Ele indica somente que existe um nível tal de generalidade e repetibilidade entre os acontecimentos que eles se assemelham mais a fenômenos, para os quais se procura uma lei ou uma regularidade, do que a individualidades, nas quais se procura a singularidade e a unicidade. Assim, a matéria não associa diretamente o acontecimento com uma característica que o singulariza. Enfim, por essa via não obteríamos um bom parâmetro para demarcar as fronteiras que separam uma abordagem de fenômenos de uma abordagem de individualidades.

O critério material ainda não é satisfatório em um segundo sentido. A radicalização de sua aplicação, diante da deficiência anteriormente apontada, pode forçar um critério de segunda ordem para distinguir a matéria que está na base dos fatos. Assim, a história não se preocuparia com os fenômenos, mas também não se preocuparia com todos os acontecimentos. Os acontecimentos que contam são os que têm para nós um valor, não intrínseco ou essencial, mas atribuído; somente estes seriam de fato individualidades, de acordo, por exemplo, com a filosofia da história de Rickert, (1977, p.368-78).

O criticável nessa caracterização do fato histórico é que a sua individualidade fica dependente de uma redução subjetivista e mesmo esteticista do acontecimento. Tenta-se atribuir a determinados acontecimentos um significado que os elevaria acima da massa indistinta de todos os demais.

Se o critério material serve apenas para tratar o acontecimento como fenômeno ou associá-lo a significados humanos, então não se presta a uma definição da ótica própria do conhecimento que se preocupa com singularidades. No primeiro caso, não o faria porque a história, desta maneira, se identificaria às ciências que procuram legalidades históricas. No segundo caso, não o faria porque, desta feita, a história ficaria obrigada a definir-se, como conhecimento, pela assimilação de seu objeto a uma provável constituição da subjetividade humana. Diante da insuficiência do critério material, faz-se necessário outro critério para definir o acontecimento, de modo que sua caracterização não leve o conhecimento histórico a se deparar com as concepções do conhecimento histórico que se deseja evitar.

O acontecimento define-se, primeiramente, pela "diferença temporal"

O que, definitivamente, individualiza um acontecimento é o fato de que ele se dá em um determinado momento. Isso significa que, mesmo considerando dois acontecimentos idênticos do ponto de vista material, eles permanecem irredutíveis do ponto de vista temporal: dois acontecimentos que se repetem identicamente são, ainda, diferentes. Segundo as palavras de Veyne, não nos interessamos por "um acontecimento por ele mesmo, fora do tempo, como uma espécie de bibelô..." (1971, p.19). Essa caracterização do acontecimento se dá pelo destaque da diferença temporal.

Porque a história não se repete, o fato de ela se ocupar exatamente com as variações ligadas à temporalidade é o que faz dela "uma narrativa de acontecimentos" (ibidem, p.15). O que equivale a afirmar que, nesse aspecto, a história não se diferencia muito do romance ou das explicações de que nos valemos cotidianamente.

A questão então é a elaboração de conceitos que forneçam à história a sistematização do conhecimento, mas que não reneguem a sua tarefa narrativa. A narrativa histórica tem sido confrontada com outros tipos de narrativas (principalmente a poética), a fim de destacar semelhanças e diferenças, e isso não é um assunto exatamente novo. No nono capítulo de *Art rhétorique et art poétique*, intitulado "Poésie et histoire", Aristóteles expõe as relações da Filosofia com a História e a Poesia. Esta última seria mais universal, enquanto a primeira estaria muito mais preocupada com os indivíduos e seus atos particulares (Aristóteles, 1944, p.449-53 – 1451b 36-1452a 10). D. Hume (1963a, p.23) observa que entre a narrativa histórica e a poesia existe apenas uma diferença de grau. Já, segundo Hegel, a narrativa histórica relaciona-se com um mesmo "princípio vital interno" que caracteriza o movimento real da história (apud White, 1984; ver também Hegel, 1964, p.256-61). A posição de Veyne em relação à narrativa destoa de todas essas versões clássicas do problema.

Em contrapartida, a individualização do fato pela dimensão temporal, em reforço ao que já foi indicado, mostra que não existe um corte entre a história humana e a história natural. Tanto em um caso como em outro o objeto pode ser definido como estando instalado no seio da diferença temporalmente marcada. Se é assim, torna-se necessário averiguar quais os critérios de seleção exigidos por essa definição do objeto da história; afinal, como pode o historiador orientar-se em um campo acontecimental marcado pela diferença temporal?

A diferença temporal libera a seleção do objeto histórico

Liberdade do historiador: o campo da história não tem uma feição absoluta, pois está envolto pelo que "não-acontecimental"

Se, para Veyne, é a diferença que individualiza os acontecimentos, então, perguntamos, a seleção destes deve-se inteiramente ao historiador? O historiador pode reunir os acontecimentos em quantos campos encontrar interesse, isto é, quando ele avaliar que um acontecimento ou conjunto de acontecimentos mereça destaque. Em outras palavras, isso significa que a subjetividade do historiador não está constrangida, podendo mover-se livremente no campo da história.

32 HÉLIO REBELLO CARDOSO JR.

Essa franquia no recorte do campo da história parece chocar-se com a idéia difundida de que o saber histórico evolui desde um estágio incipiente e anômico, no qual o historiador porta-se ingenuamente criando um híbrido entre literatura e história, até constituir-se em um conhecimento científico ou "cientificamente orientado" (Marrou, 1958, p.33). Desde Heródoto até o século XIX, a história seria definida pela sua acepção político-literária. Ao passo que no século XX, com a incorporação de outros domínios como a economia, a demografia, as sociedades e mentalidades, estaríamos nos encaminhando para a história total, cara à primeira geração dos Annales (Revel, 1979, p.1365-66; Le Goff, 1990, p.27-8).

Porém, a história não tem uma evolução natural. O que identificamos como fases sucessivas do saber histórico não passa, para Veyne, de convenções variáveis do "gênero histórico" que se estabeleceram a partir do recorte do campo acontecimental. Por seu turno, este último possui extensão variável segundo a escolha que os historiadores, em tal ou qual época, fazem para defini-lo. Portanto, o deslocamento dos "gêneros históricos" não possui nenhuma qualidade evolutiva, e basicamente porque as suas fronteiras não são definidas por qualquer tipo de acontecimento possuidor de uma distinção essencial que impusesse um caráter rígido ao campo da história (Veyne, 1971, p.30-1).

Da "história política" à "história total" não há um salto qualitativo e progressivo. Ambos são recortes arbitrários de um vasto campo acontecimental. Tal mudança demonstra apenas que o interesse da história não recai sobre um tipo único de acontecimentos – o político –, mas que todo acontecimento é digno de tratamento histórico. A história total, portanto, se levada a explicitar suas conseqüências teóricas, reafirma e estende ao limite a idéia de que o campo da história possui uma extensão variável. Isso é verdade, mesmo no interior de gêneros históricos aparentemente bem definidos. J. de Rommily demonstra que há na historiografia antiga interesse para além da narrativa dos eventos políticos; Heródoto apresenta focos de reflexão muito aproximados da história dos costumes ou da etnografia atuais, além da narrativa do conflito político entre gregos e persas; da mesma forma, Tucídides de-

ENREDOS DE CLIO: PENSAR E ESCREVER A HISTÓRIA COM PAUL VEYNE   33

senvolve preocupações de ordem ética e sociológica a respeito do imperialismo ateniense (Rommily, 1980, p.87-9, 138-43).

Com isso, o campo da história torna-se aberto a toda e qualquer nova delimitação. Na verdade, existe apenas distinção entre, de um lado, acontecimentos já incorporados e, de outro, acontecimentos que potencialmente podem ser incorporados. Em torno do campo da história, há um grande e indefinido campo não-acontecimental", isto é, aqueles fatos para os quais o historiador ainda não voltou a sua atenção, mas que estão bastante próximos e à espera, como veremos mais tarde (Capítulo 3).

Não havendo nenhum acontecimento mais histórico que outro, já que a incorporação de novos acontecimentos é livre, também não deve haver no interior do campo da história uma hierarquia entre os diversos tipos de história. Certamente, é cômodo e eficiente delimitar a história econômica, a história social, a história das mentalidades, e assim por diante. Mas tal procedimento refere-se somente à necessidade de organização do material. Um mesmo acontecimento sempre pode ser observado a partir de vários tipos de história. Para Veyne, todas essas óticas podem ser justapostas, nunca hierarquizadas (1971, p.31).

Com efeito, mesmo que tivéssemos de admitir que há precedência de uns acontecimentos sobre outros, tal fato não modificaria radicalmente a maneira de narrar a história. Não é verdade que a história econômica absorveria a história social, que por sua vez absorveria a história das mentalidades. Ainda que o historiador explicasse os fatos sociais e de mentalidades pressupondo os fatos econômicos, ele precisaria explicar os próprios fatos sociais e de mentalidades. Caso contrário, ele estaria escrevendo, quando muito, uma história econômica geral na qual se indica genericamente sua ligação com a sociedade, com as imagens que ela tem de si mesma etc. Desse ponto de vista, até a tentativa, aparentemente menos ambiciosa de Braudel, de hierarquizar os tipos de história a partir da definição de diversos ritmos temporais torna-se desnecessária (Braudel, 1969, p.41-83; Ricoeur, 1983, p.298-303).

Resta, por conseguinte, que se estabeleça um critério de seleção dos objetos históricos não baseado em um princípio hierarquizador, isto é, que não indique para que acontecimentos a atenção do historiador deve se voltar em primeiro lugar ou que história deve ser contada em detrimento de outras. O estabelecimento desse critério é importante, pois Veyne até aqui só nos disse o que esse critério não deve ser. Desde já diga-se que tal critério é factível, uma vez que ele se adapte totalmente ao destaque da diferença temporal que marca todo acontecimento. Daí coloca-se a questão de se encontrar um critério de seleção que permita ao acontecimento ser descrito em sua singularidade.

Princípio de seleção dos objetos históricos: as "séries"

Esquiva a toda hierarquia, a arquitetônica do campo da história fica mais bem representada, nessa abordagem, como um entrecruzamento de séries, cada uma correspondendo ao destaque de uma singularidade. Um mesmo acontecimento é passível de entrar em várias séries simultaneamente: a da história econômica, a da história social, a da história da moda, dos costumes ou da cultura etc. Entre as séries não existe nenhuma diferença absoluta. Ocorre apenas que em cada série o acontecimento considerado ocupará um lugar em relação a outros acontecimentos vistos em relação a um determinado traço. Sendo assim, dentro de uma série o acontecimento adquire uma "importância relativa" em um sistema de singularidades (Veyne, 1971, p.34-5). Já existem bons exemplos na historiografia nacional: S. Chalhoub, em *Trabalho, lar e botequim* (1986), conta a história de Zé Galego, estivador, imigrado português que viveu no Rio de Janeiro na primeira década do século XX; o subtítulo desse livro é revelador de seu interesse: "o cotidiano dos trabalhadores no Rio de Janeiro da belle époque". Ora, o itinerário seguido pelo autor não impede que ele interligue os episódios da vida cotidiana, primeiro, com a história demográfica (p.25-6) e, depois, com a história econômica (p.26-30). Em contrapartida, a vida de Zé Galego poderia aparecer como referência ou ilustração no clássico de Caio Prado Jr., *História econômica do Brasil*, aos capítulos: "Decadência do trabalho servil e sua abolição", "Imigração e colonização", "A crise da transição", "A industrialização" (Prado Jr., 1977, passim).

ENREDOS DE CLIO: PENSAR E ESCREVER A HISTÓRIA COM PAUL VEYNE

Os historiadores escreverão a história a partir de critérios diversos, por intermédio dos quais escolherão os fatos-acontecimentos a serem privilegiados. No entanto, por mais díspares que sejam as razões de seleção, os acontecimentos podem ser livremente classificados em séries. Evita-se, assim, a absolutização de qualquer um desses critérios e sua transformação em um princípio hierarquizador ou, além disso, em um princípio que outorga à história um sentido interno, condutor de fatos.

Teoricamente, é importante notar que essa definição do campo da história desarticula não só a tese do sentido imanente da história, como a que defende que o significado é atribuído pelo próprio sujeito de conhecimento por meio de seus valores (vide Capítulo 2). Nesse caso, existiria uma interseção entre a subjetividade dos atores históricos e a do historiador, de modo que essa esfera comum pudesse ser tomada objetivamente como base para a compreensão de acontecimentos históricos. Contudo, tal operação passa a ser supérflua, uma vez que os próprios valores podem ser considerados acontecimentos inseridos em uma série.

O mesmo antídoto pode ser ministrado a uma idéia ainda mais sofisticada da atribuição do valor em história. Trata-se da que supõe que os fatos importantes para a história sejam aqueles que tiveram conseqüências longínquas e que, portanto, reservam uma trajetória diacrônica a qual se destaca do amontoado de fatos passíveis de serem valorizados, como veremos mais adiante (Capítulo 2).

Esses aspectos teóricos serão observados em momento oportuno. Digamos, por enquanto, que não se trata de revalorizar a subjetividade do historiador – objeção feita por Aron a Veyne (Aron, 1971, p.1321) –, mas de verificar que o campo acontecimental, pano de fundo da organização das séries e do estabelecimento de relações causais intra e inter-séries, implica uma multiplicidade de razões irredutíveis a uma Razão dominante ou ao subjetivismo dos historiadores.

Ora, se o acontecimento e, por via deste, o campo acontecimental, envolve, como se disse, uma multiplicidade de razões, deve-se apresentar a problemática da totalidade histórica, a respeito da qual Veyne faz apenas algumas indicações.

TAREFA NARRATIVA II: RELAÇÕES ENTRE TOTALIDADE HISTÓRICA E "SÉRIES-INTRIGA"

A busca da totalidade histórica não pode eclipsar a tarefa narrativa da história

Totalidade histórica e acontecimento

Consideremos, rapidamente, a relação da totalidade histórica com o acontecimento que seria inapropriada à definição do objeto da história que vimos elaborando, deixando seus aspectos teóricos para mais tarde (Capítulo 4). Vejamos, a partir dessa consideração, qual poderia ser a contribuição de Veyne a essa questão.

Uma totalidade histórica que fosse regida pela Razão dominante esboçaria uma figura de sentido da História que conduz os acontecimentos. Já uma totalidade histórica construída a partir do subjetivismo do historiador permitiria que se tivesse acesso às intenções ou ao finalismo humano que indica o encadeamento dos acontecimentos. Em ambos os casos, o acontecimento define-se como função da totalidade histórica. Pelo contrário, se o acontecimento deve ser descrito em sua singularidade, então a totalidade será estabelecida tendo como ponto de partida o acontecimento. Do ponto de vista da tarefa narrativa, portanto, devemos indagar qual o perfil da totalidade histórica adequado às características do campo acontecimental como vem sendo apresentado.

Para Veyne, não existe uma história que reúna a totalidade, o sentido do tempo. Somente há histórias que procedem a uma seleção, a um recorte de determinados eventos, isto é, só é possível elaborar "histórias de...". Estas, sim, referem-se a séries relativas a acontecimentos datáveis que interessam ao historiador. Na maioria das vezes, as historiografias que se dedicam a apresentar histórias universais estão de fato camuflando a escolha, a seleção que as fundamenta. Tal é o caso, por exemplo, das "histórias nacionais" ou da "história das civilizações", as quais vêm ungidas pela idéia de totalidade que parece ter abarcado o sentido do tempo.

Em contrapartida, se a totalidade histórica não se apresenta como um "sentido universal", então ela pode auxiliar a prática do historiador como se fosse um "índice" (Veyne, 1971, p.39). A História (com h maiúsculo) ajuda a classificar cronologicamente um acontecimento, situando-o neste ou naquele século, neste ou naquele período cronológico. Ela não pode, entretanto, explicar tal acontecimento; indicar o sentido do tempo não significa encontrar o sentido do próprio acontecimento, pois "descobrir que um trem se dirige para Orleans não resume nem explica tudo o que podem fazer os viajantes no interior dos vagões" (ibidem).

Cabe destacar nessa caracterização da História que sua eficácia resume-se exatamente naquilo que é importante para o historiador: a dimensão temporal do acontecimento. Por esse aspecto, antes de mais nada, dilui-se como supérflua para o historiador a noção de um primeiro motor responsável pelo perfil da história. Ainda que consideremos uma lei de evolução da História como racionalização, progresso, desenvolvimento da técnica ou da liberdade, o que importa são os balizamentos cronológicos fornecidos e não o motivo da evolução destacado em cada caso.

Além de simples índice, a idéia de História como totalidade possui uma função reguladora. Ela indica que o objetivo do conhecimento histórico é uma explicação histórica que se ajusta aos esforços da tarefa da qual o historiador não pode se desvencilhar, absolutamente: descrever acontecimentos (aspecto de que trataremos com detalhes no Capítulo 3). Tal expediente, sem dúvida, está próximo da abordagem de Kant, para quem a tentativa filosófica de elaborar a história do mundo (*Weltgeschichte*) não pode excluir a elaboração da história composta empiricamente (*Historie*) (Kant, 1986, p.22-3). Para tanto, é necessário que tais totalidades deixem espaço para a expressão do real; não devem sobrepô-la, pois, como diz Aron, "as interpretações que eliminam a pluralidade das séries ou a contingência de seus encontros são definitivamente hipotéticas..." (1948, p.362).

Vale ainda assinalar que a historiografia elaborou exemplares de totalidade histórica relativos não a um sentido oculto ou imanente, mas a um código expressivo que tingiria as épocas com cores próprias fornecendo-lhes unidade qualitativa. Fala-se, por exemplo, de um "tato", tipo de intuição de que deve ser dotado todo historiador a fim de perceber a sucessão dos ciclos e "estações" da História; segundo Spengler, "sempre se teve consciência da limitação do número de formas sob as quais se manifesta a História universal e do fato de que se repetem, no que se refere a seu tipo, idade, épocas, situações pessoais" (1920, p.4).

De forma semelhante, influenciados por certa noção da "redução" fenomenológica, alguns historiadores passaram a dedicar-se ao estudo da "fisionomia" característica de determinadas épocas. Procuravam indicar que a imagem associada à imediatidade dos fatos fornecia ao historiador um critério diferencial, um critério quase estético pelo qual períodos históricos eram traduzidos em unidades de estilo, a exemplo de Huizinga (s. d., p.7-8).

Mas seja qual for a definição de totalidade histórica, o importante é que a lei ou expressividade que lhe imprime uma forma característica, por si mesma, não interessa ao historiador. Importa, sim, que ela forneça meios através dos quais se consiga perseguir a lógica dos acontecimentos, resgatando a complexidade de sua ocorrência e, conseqüentemente, fornecendo explicações concretas. Em suma, a totalidade histórica não pode substituir o acontecimento, de modo a povoar a história de abstrações que apenas explicam a si mesmas e não aos objetos históricos. Entre as invectivas de Schopenhauer contra o que denominava "pseudofilosofia", relaciona-se a inutilidade da exposição sistemática da História universal, uma vez que "posso saber perfeitamente que a Guerra dos Trinta Anos foi uma guerra religiosa, mas esse conhecimento geral não me põe em condições de dizer algo mais preciso sobre o assunto" (Schopenhauer, 1877, p.503).

A preocupação teórica de Veyne é clara: associar a totalidade histórica à descrição de acontecimentos significa não correr o risco de que elas sejam elevadas à categoria de doutrinas ou teorias sobre o curso da história, como indica igualmente Popper (1957, 151-5).

"Sublunar"

Porém, se já se definiu o acontecimento e procurou-se indicar, ao menos, que a totalidade histórica deve ter como função o nível descritivo, de modo que um acontecimento tenha a sua singularidade destacada em relação à dos demais, cabe uma indagação so-

ENREDOS DE CLIO: PENSAR E ESCREVER A HISTÓRIA COM PAUL VEYNE

bre o "comportamento" desses acontecimentos na realidade. Com efeito, quando o historiador descreve um acontecimento, qual o enquadramento que a ótica do conhecimento histórico lança sobre a realidade?

Ora, observou-se como Veyne constrói a sua definição de objeto da história por contraste com várias posições epistemológicas cujas características genéricas foram observadas anteriormente, embora não de forma sistemática. O fato histórico é diferença e sua compreensão não se distingue basicamente das explicações concretas do dia-a-dia. O fato histórico, o acontecimento por excelência, não tem uma essência; é uma criação intelectual que depende do historiador. O campo da história é o lugar do entrecruzamento de séries não hierarquizadas e também dependentes da escolha do historiador, séries cujo encadeamento causal deve ser apresentado. Com efeito, tal definição choca por estar em desacordo com as noções mais conhecidas a respeito do objeto histórico, principalmente aquelas que se baseiam na reconstrução de totalidades históricas, sejam elas para se encontrar o movimento da história, sejam elas para basearem-se na reconstrução da realidade por intermédio de categorias cognitivas resultantes do encontro entre sujeito e objeto do conhecimento histórico (questão de que trataremos detidamente no Capítulo 3). Além disso, parece de tal forma ingênua que se assemelha mais à formulação de um desejo do que a uma proposição teoricamente embasada.

Por esse motivo, é necessário demonstrar, logo de saída, que há um elemento através do qual procura-se catalisar os novos termos com os quais Veyne trabalha. O novo objeto da história, assim como a análise crítica da noção de totalidade, precisa ser definido em consonância com a noção aristotélica de "mundo sublunar". O recurso a Aristóteles, de fato, dá-se tanto do ponto de vista programático quanto do conceitual.

O mundo sublunar é o mundo do devir, da geração e da corrupção. Mundo em que há uma pequena proporção do necessário em relação ao contingente e ao acidental. Tudo nele tem uma duração discreta, isto é, é o mundo dos acontecimentos, da liberdade e do acaso, por oposição ao mundo celeste, onde há perfeição e imutabilidade. Neste último, há determinismo, lei e, portanto, o que tornaria factível determinada ciência. Em contrapartida, não há ciência, no sentido de determinação de leis, dos fatos de que se ocupa a história.

Ora, se o campo da história coincide com o mundo sublunar, o historiador deve observá-lo como a reconhecer sua própria realidade cotidiana. Como qualquer um, o historiador deseja encontrar respostas para os problemas que se lhe coloca a realidade em que vive. Interroga-se partindo de exigências mais ou menos imediatas, ou obedecendo ao apelo da mera curiosidade. Como qualquer acontecimento é histórico, não existe uma razão interna para que ele se atenha a este ou àquele objeto, destacando-o em relação aos demais. O historiador vai simplesmente descrever o devir, mas, diferentemente do homem comum, executará essa tarefa pressupondo um questionário histórico que se aprimora progressivamente com as contribuições mais significativas à historiografia (o aspecto teórico relativo ao tratamento histórico do mundo dos acontecimentos será abordado no Capítulo 3).

Em suma, o objeto da história, estando de acordo com o sublunar aristotélico, não progride nem em direção à ciência no sentido do conhecimento que se ocupa dos fenômenos formalizáveis, nem pressupõe a busca do sentido imanente ou do primeiro motor dos fatos históricos (Veyne, 1971, p.283). A história seria, quando muito, uma "ciência em marcha", conforme a expressão de Bloch (1959, p.xiv). Sendo assim, pode-se indagar se a história, conhecimento que se ocupa do mundo sublunar, seria capaz de sistematizar não um corpo de leis ou conceitos puramente abstratos, mas um corpo de conceitos apropriados às condições de possibilidade dos objetos históricos, sem descuidar de sua instabilidade característica, como assinala Lebrun (1971, p.662-3) (voltaremos a tratar desse problema do ponto de vista teórico no Capítulo 3).

Problemas da tarefa narrativa em relação ao objeto da história

Unidade de inteligibilidade: a narrativa de uma "intriga"

Se a noção aristotélica de mundo sublunar serve a Veyne como catalisador da definição do campo acontecimental e esquiva-se a determinados tipos de totalidade histórica, temos de apresentar os recursos narrativos a partir dos quais o historiador pode realizar a tarefa narrativa no que tange à descrição do objeto histórico. Enfim, como ele narrará os acontecimentos?

Os fatos dos quais se ocupa a história acontecem em nosso mundo. Porém, isso não significa que ela tome os acontecimentos como átomos igualmente válidos. Certamente, todos os fatos são dignos da história, já que integram o sublunar, mas isso não significa, para Veyne, que o historiador se encontre diante do caos (1971, p.45-6).

O historiador organiza os acontecimentos em conjuntos de acordo com uma função definida; eles podem ser causas, fins, ocasiões, acasos, pretextos etc. Essa tarefa organizatória procura, primeiramente, reconstituir uma espécie de organização do mundo em que vivemos. Para tanto, é necessário um ponto de partida. Não é possível compreender a conexão entre os fatos contemplando o cenário da história; veríamos aí apenas um mosaico de imagens. Trata-se, antes de mais nada, para Veyne, de escolher um assunto.

Uma vez que se tenha determinado uma linha de interesse, resta estabelecer uma ordem entre os fatos. No interior de cada série, os fatos têm uma importância relativa de modo que as conexões e, portanto, o papel desempenhado por cada um, são variáveis. Por exemplo, as relações amorosas entre Antônio e Cleópatra têm uma importância maior para a história política do que teria se o interesse recaísse sobre a história da culinária egípcia.

Assim, os fatos não valem por si mesmos, eles não são absolutos. Pelo contrário, a objetividade das explicações históricas fundamenta-se na ligação estabelecida que eles têm entre si no interior do assunto selecionado. Pouco importa que, como desejava Weber, concebamos a "validade" dos "valores" que guiam a curiosidade do historiador na escolha de um tema, pois essa validade não organiza os fatos em seu interior (Weber, 1965, p.283 e 298-300). O que importa é que o historiador pode observar a organização diferenciada de cada fato em tantos quantos forem os assuntos nos quais ele deseje incluí-lo, recorrendo, assim, ao artifício de toda boa narrativa, a unidade temática com variação de planos (Veyne, 1971, p.46).

Ora, esses agregados de fatos, organizados pela narrativa histórica, estão de tal forma associados à naturalidade do mundo sublunar e humano que, segundo Veyne, a melhor denominação para eles é a de "intriga". A narrativa é, como afirma Veyne, "uma mistura bastante humana e muito pouco 'científica' de causas materiais, fins e acasos; uma fatia de vida ... que o historiador recorta à vontade e onde os fatos têm suas ligações objetivas e sua importância relativa..." (ibidem).

A intriga esquiva-se a todo determinismo

A intriga é um recurso narrativo destinado a cumprir a descrição do acontecimento. No entanto, é preciso indagar, ainda, se ela escapa aos percalços com os quais se deparava, como vimos anteriormente, a definição do acontecimento como objeto da história. Em primeiro lugar, será que a narrativa por meio da intriga evita que o acontecimento seja descrito como representante ou exemplo da figura de sentido que se esboça na História? Em segundo lugar, é necessário saber se a narrativa por intermédio da intriga evita, igualmente, o alegado relativismo da subjetividade do historiador que deseja descrever o acontecimento como dependente do ponto de vista humano. Vejamos se Veyne oferece os elementos para que essas indagações sejam respondidas, pois neste ponto está em jogo a definição de uma narrativa histórica que corresponda aos componentes da tarefa narrativa.

A principal conseqüência da noção de intriga, como ela é conceituada por Veyne, é não render-se a nenhum determinismo. E isso, por dois motivos. Em primeiro lugar, porque a definição do que é desprezível ou não para a descrição histórica é relativa; ora, um acontecimento que seja um detalhe irrelevante em uma série torna-se pertinente em outra. Em segundo lugar, a noção de intriga torna supérflua a idéia de que o acesso à totalidade das séries produziria um todo capaz de obviar a precedência de umas sobre outras; e isso não se dá, seja porque o número de séries possíveis é infinito, seja porque nem a compreensão nem a fruição sairiam ganhando se fosse possível explicar uma totalidade entendida como as condições determinantes de um contexto histórico.

ENREDOS DE CLIO: PENSAR E ESCREVER A HISTÓRIA COM PAUL VEYNE   43

Ao mesmo tempo, o próprio acontecimento pode ser dispersado em várias séries, de modo que perde a rigidez naturalizante que o personificava ou o tornava comparável a um objeto concreto e uniforme. Esse procedimento, que tende a naturalizar o fato histórico, tem como corolário a opinião generalizada de que os historiadores detêm pontos de vista diferentes sobre um mesmo objeto, donde se deduzia que todo conhecimento histórico é necessariamente relativo, a não ser que a multiplicidade dos pontos de vista individuais pudesse ser superada.

O objeto histórico não é nunca a totalidade espaciotemporal dos eventos observados. Toda situação tomada como objeto pode ser decomposta em vários objetos de estudo diferentes e todo acontecimento histórico ao qual se atribua unidade pode ser desmembrado em inumeráveis objetos de conhecimento, dependendo do traço escolhido. Um mesmo acontecimento é constituído por dados pertencentes a várias séries diferentes, pois, como afirma Furet, "é o seu valor relativo que se torna objetivo e não sua relação com uma inapreensível substância real" (1971, p.74-5). Os historiadores não defendem opinões diversas sobre o mesmo objeto; eles, na verdade, se interessam por objetos diferentes. O trabalho do historiador chama para si a problemática relativa à passagem da obra de arte clássica, segundo a visão de Eco (1971, p.63-6), passível de várias interpretações conforme a posição do observador, à obra de arte moderna, internamente múltipla, substantivamente múltipla (Deleuze & Guattari, 1980, p.13-4, 31, 36-7).

Dessa forma, o relativismo subjetivista se transfere do terreno da disputa entre as diferentes concepções acerca do objeto da história para o plano da intriga. Nesta, os eventos, sem serem considerados no interior de uma totalidade histórica, nem serem portadores de uma existência concreta e real, são apreendidos em suas ligações objetivas, no mundo sublunar. Porém, se, em relação ao objeto, a liberdade do historiador se modela na literatura, isto é, no registro das intrigas, no que diz respeito à teoria, a liberdade se rearticula no campo das questões e conceitos históricos, como teremos oportunidade de observar (Capítulo 3).

Implicação dupla da noção de intriga: recurso narrativo e registro narrativo adequado a procedimentos teóricos

As intrigas são os itinerários que o historiador segue à vontade no campo acontecimental. Um acontecimento ocupa sempre um lugar em um itinerário, de modo que pode ser observado em relação a outros acontecimentos que se ligam a ele no mesmo trajeto. O acontecimento situa-se em uma encruzilhada de itinerários possíveis, que o historiador poderá seguir mais ou menos longe. Citemos um exemplo fornecido por Veyne:

> Consideremos o acontecimento chamado guerra de 1914, ou antes, situemo-nos com mais precisão as operações militares e a atividade democrática; é um itinerário que se equivale a qualquer outro. Podemos ver mais longe e entrar nas zonas vizinhas: as necessidades militares acarretaram uma intervenção do Estado na economia, suscitaram problemas políticos e constitucionais, modificaram os costumes, multiplicaram o número de enfermeiras e trabalhadores e revolucionaram a condição das mulheres... Ei-nos no itinerário do feminismo. (1971, p.51)

Segundo essa concepção do campo da história, portanto, o historiador encontra-se inteiramente livre para traçar qualquer itinerário. O campo da história é divisível ao infinito.

Certamente, a liberdade de escolha do historiador torna-se subjetiva. No entanto, o subjetivismo não implica necessariamente uma atitude arbitrária ou idealista. Nenhum dos fatos que a subjetividade do historiador interliga em sua intriga perde sua consistência de ocorrência no mundo sublunar; o que se passou no tempo, de acordo com o que ensina Marrou (1958, p.222-4), existe realmente e não pode tornar-se subjetivo.

O historiador age como um nominalista: reúne acontecimentos sob uma mesma intriga que ele nomeou, mas que poderiam ser reunidos em um sentido qualquer se seu interesse fosse diferente. Por exemplo, se o feminismo é um acontecimento de nosso tempo, poder-se-ia traçar um itinerário que recobrisse todas as manifestações históricas semelhantes ao feminismo contemporâneo, retrospectivamente, até encontrar sua possível origem, se se quiser. Alinhará marias madalenas e joanas d'Arc como precursoras da libertação feminina. Mas sabemos que as prostitutas notórias podem simplesmente fazer parte de uma história dos costumes e que os mártires religiosos, em geral, integram a história dos santos. Bergson indicava a relatividade dos itinerários denominando-a "crença no valor retrospectivo do juízo verdadeiro"; afirma: "Justamente pelo fato de se realizar, a realidade projeta atrás de si uma sombra no passado indefinidamente remoto; ela parece assim haver preexistido, sob a forma de um possível, à sua própria realização" (1950, p.14).

Poder-se-ia objetar que, em vez da encruzilhada de inumeráveis itinerários, o historiador deveria optar por uma "análise em profundidade" das condições políticas, sociais, mentais, econômicas que acarretam os acontecimentos dispersos pelas séries. Tal procedimento aproximaria a história da síntese sociológica (Veyne, 1971, p.60), tornando-a mais sistemática. No entanto, esta é uma alternativa aparente. A análise de condições históricas é apenas mais um itinerário entre os possíveis e, portanto, à força de ser mais panorâmico, não supera as descrições impressionistas que revelam a mera facticidade.

Sejam quais forem os interesses e o tipo de público a que se vincule um ou outro estilo de narrar a história, somente se pode reconhecer que não existe apenas uma maneira de escrevê-la, pois "todos os partidos descritivos são bons; o essencial, uma vez que se escolheu um, é nele ater-se", e fazê-lo bem (ibidem).

Mas justamente aí está o problema da descrição histórica. O historiador opta por um recorte histórico, por uma intriga, mas ao mesmo tempo reconhece que cada acontecimento encontra-se rodeado por um campo não-acontecimental susceptível de ser revelado (nomeado). Dessa forma, o historiador é consciente de que sua narrativa pode efetivar-se em vários níveis descritivos, de acordo com a maior ou menor generalidade no desenrolar das intrigas, isto é, de acordo com a importância relativa do evento nas várias séries em que ele aparece.

Fixar a atenção no fato individual, sem enxergar nele o não-acontecimental implícito, significa escrever a história segundo as fontes. E a síntese histórica, pelo contrário, constitui-se pela "agilidade de deslocar o nível descritivo dos fatos" (ibidem). Para cada fato individual há uma miríade de traços circundantes; por isso ao passarmos da monografia à história geral tendo como foco um mesmo fato, dá-se não apenas uma mudança de perspectiva como também iluminam-se traços inteiramente diversos entre si.

Ao mesmo tempo, o historiador precisa ser capaz de manter a coerência interna de seu texto ao justapor as incidências diversificadas de um mesmo acontecimento. Essa tarefa, associada ao deslocamento do nível descritivo, como assinala Veyne, ressaltando seu aspecto estético, "são coisas belas, difíceis e raras", pois "geralmente um livro de história é feito de uma justaposição de descrições que não estão no mesmo nível" (ibidem). A advertência é bastante clara: se a crítica histórica não extrai as possibilidades contidas na concepção do acontecimento como encruzilhada de itinerários possíveis, corre-se o risco de se alternar somente as fontes históricas, ou seja, tende-se a manter um ritmo monocórdico e puramente aditivo.

A noção de intriga, além de situar a definição do objeto da história em bases novas, descortina perspectivas e novas questões sobre a investigação em seu conjunto. Em primeiro lugar, ela reúne, em aparente contradição, a total liberdade do historiador na escolha do assunto com a intenção de descrever as ligações objetivas entre os acontecimentos, o que aponta para um tratamento da causalidade histórica que esteja de acordo com essa combinação tão surpreendente, como destaca Aron (1971, p.1331); (problema de que trataremos oportunamente no Capítulo 2). Além disso, uma intriga, ao permitir o entrecruzamento de séries ou itinerários pertencentes a planos diversos, isenta o historiador de seguir a ordenação cronológica, posto que o tempo fica sendo apenas índice de individuação do acontecimento (diferença). Ora, tal implicação da noção de intriga diz respeito diretamente às possibilidades explicativas do conhecimento histórico, pois "esta acronicidade possível está ligada ao traço fundamental da intriga sobre o qual Aristóteles constrói sua Poética, a saber, a capacidade de ensinar o universal" (Veyne, 1971, p.331; ver também Ricoeur, 1983, p.70-1); se bem que em certa passagem Aristóteles aproxima a filosofia mais da poesia do que da história (Aristóteles, 1944, p.449 – 1451a 15-35).

ENREDOS DE CLIO: PENSAR E ESCREVER A HISTÓRIA COM PAUL VEYNE 47

Entretanto, a noção de intriga aproxima a lógica da explicação histórica dos recursos narrativos que presidem o romance e o drama, como teremos chance de observar (Capítulo 2). Tanto quanto estes, a história não se atém à ordem cronológica dos eventos, mas opera seletivamente em vários planos. Está em pauta aqui uma decisão relativa à temporalidade dos eventos: pode-se, como Braudel, atribuir aos fatos diferentes ritmos temporais; ou se considera, como quer Veyne, a diferença temporal instauradora do acontecimento, sendo a variação do ritmo temporal apenas um recurso narrativo (tal aspecto será tratado no Capítulo 2).

Por fim, e em última instância, a dupla implicação acima destacada precisa responder à tarefa teórica. Quer dizer, ela não pode restringir-se apenas a uma exaltação do posicionamento cognitivo que daria ao historiador o maior grau de liberdade na escolha do objeto; mas também não pode resumir-se às benesses da associação da explicação histórica com o caráter estético contido em sua expressão narrativo-literária. É que a definição de acontecimento, por um lado, indica procedimentos próprios à tarefa narrativa do conhecimento histórico; por outro, envolve procedimentos de ordem teórica que visam à narrativa histórica como possuindo um registro afeito aos conceitos históricos.

Resumo: intriga, articulador da tarefa narrativa do conhecimento histórico

Foi possível observar até aqui os primeiros pontos de reflexão relativos à tarefa narrativa que o conhecimento histórico precisa prover: trata-se de descrever acontecimentos, contar a história. O primeiro elemento para que se liberasse essa tarefa de todo e qualquer óbice teórico constitui-se na definição do objeto histórico como acontecimento. O acontecimento deve ser primeiramente definido como individualidade que se diferencia temporalmente. Com isso, não só é possível igualar a história dos eventos humanos à história dos eventos naturais, como também abolir as fronteiras que separam os compartimentos temáticos que a historiografia consagrou. Os acontecimentos, atômicos por definição, podem ser rearranjados em todas as direções desejadas.

A definição do acontecimento como ponto de partida para o conhecimento histórico tem um efeito demolidor. Aparentemente, descuidou-se da objetividade do conhecimento, colocando-se em primeiro plano a liberdade do historiador em conduzir a investigação na direção que mais lhe apraz. Com efeito, para que ele se ponha a contar a história basta retirar das sombras do campo não-acontecimental, acontecimentos que, por uma ou outra razão, não foram prodigalizados pela tradição historiográfica. Mesmo o campo acontecimental, em virtude de sua própria estrutura, resulta fragmentado. Os acontecimentos pontuais que o formam tornam-se somente o ponto de passagem de séries históricas as mais diversas, nas quais o historiador pode classificar todo e qualquer evento, definindo para eles uma posição relativa.

Quanto à objetividade do conhecimento histórico, portanto, parece impossível a realização de sua meta mais cara, a saber, tornar inteligível o acontecimento histórico a partir da totalidade histórica que o circunda, conferindo-lhe existência. Isso é verdade para as totalidades que se definem pelo sentido-essência e pelos valores que marcariam o curso do mundo histórico. Entretanto, o efeito demolidor perpetrado pela definição de objeto histórico apela à reconstrução. Indicou-se a esse respeito, tão-somente, que à tarefa narrativa precisa corresponder uma estratégia de articulação de teorias e conceitos históricos congênitos ao acontecimento.

Que este último ponto fique como horizonte da presente investigação, como a lacuna a ser preenchida pelo acoplamento entre tarefa narrativa e tarefa teórica do conhecimento histórico. Antes, contudo, é necessário que o germe de uma nova objetividade vingue. Por isso, a reconstrução inicia-se pelo ponto mais sólido que se pôde alcançar, ou seja, a noção seminal de intriga.

A intriga é a reconstituição dos acontecimentos por meio da interligação de várias séries históricas. O historiador precisa estabelecer a ligação entre os acontecimentos, narrando-os. Assim, a intriga, como função da descrição de acontecimentos, estende a tarefa narrativa além da definição do objeto histórico, exigindo que seja abordada a problemática da causalidade histórica.

2 TAREFA NARRATIVA:
INTELIGIBILIDADE NARRATIVA E CAUSALIDADE

"O historiador ... não tem que investigar a causa
primeira ou as causas finais ... Mas a tendência
para explicar os fatos históricos por causas
transcendentes persiste em teorias mais modernas
em que a metafísica se dissimula sob formas científicas."
(Langlois & Seignobos,
Introduction aux études historiques, 1898, p.247)

TAREFA NARRATIVA III: CONDIÇÕES DE INTELIGIBILIDADE NA NARRATIVA DO ACONTECIMENTO

Primeira condição: inteligibilidade do específico

Da individualidade ao específico

Procurou-se até aqui salientar a redefinição da noção de objeto histórico proposta por Veyne. Essa redefinição rejeita tanto a idéia da existência do objeto como entidade natural quanto a idéia de que ele somente se torna compreensível em relação a uma totalidade/contexto histórico preestabelecido. Daí, resulta que o objeto histórico tem a sua existência definida nominalmente como o ponto de cruzamento de várias séries. Porém, uma vez que o objeto histórico tornou-se uma abstração não contextualizada e foi desintegrado, o que resta para fazê-lo cognoscível?

Como já foi observado, a história interessa-se por fatos individualizados, os acontecimentos. No entanto, isso não quer dizer que o conhecimento se perca diante da singularidade, da dispersão atômica dos fatos. A história quer compreendê-los, de modo que precisa encontrar um fator que propicie a sua inteligibilidade. Portanto, do ponto de vista do objeto, a história seleciona fatos em sua individualidade e não fenômenos cuja síntese resultaria em uma lei ou regularidade histórica; do ponto de vista da inteligibilidade, "não é a própria individualidade deles que lhe interessa" (Veyne, 1971, p. 72), mas sim o que os torna compreensíveis: o específico.

A singularidade individual, para Veyne, diz respeito a uma evidência, ou seja, assinala que as pessoas e as coisas existem. Além da constatação existencial de que alguém é "isto" e não outra coisa, nada pode ser dito. Não obstante, a singularidade individual admite inteligibilidade, pois o indivíduo torna-se compreensível como cruzamento de séries, ou seja, enquanto as marcas que ele deixou na história puderem ser determinadas. Sendo assim, o foco transfere-se do singular para o específico.

O historiador não retém apenas a experiência dos acontecimentos relacionados aos atos humanos; os acontecimentos naturais também podem ser classificados de acordo com uma experiência em que o homem não distingue a si próprio como participante. Um historiador enxerga na erupção de um vulcão, por exemplo, na do Vesúvio, o contato dos homens com a catástrofe, pois tal acontecimento pode ter um significado que afeta diretamente a nossa experiência; por outro lado, pode encarar esse mesmo acontecimento como um episódio que faz parte de uma história dos vulcões. Não é necessário, portanto, que o historiador, como ser humano, encontre uma parte de si plasmada ou refletida no objeto, contrariando a afirmação segundo a qual "as narrativas históricas encadeiam os acontecimentos, mas os fatos mesmos são inteligíveis apenas pelos motivos, ao menos imediatos, dos homens" (Aron, 1948, p. 126).

O específico revela-se no jogo das séries

Com efeito, a noção de específico não pode deixar-se assimilar por qualquer ato seletivo que diga respeito ao valor atribuído pelo historiador ao objeto de estudo. Se assim fosse, seria reintroduzido um critério para indicar a proeminência de umas escolhas sobre as outras. Esse critério situaria determinados acontecimentos no interior de uma totalidade histórica fornecida por meio de um olhar presentificado por seus valores que lança focos restritos de compreensão sobre o passado.

Mas, se fica impedido o critério de valor, o que poderia oferecer a dispersão de um acontecimento entre séries para que se destaque seu caráter específico? Sabe-se que uma série apenas não é suficiente para revelar o específico; é necessário, ainda, que o acontecimento seja encontrado em, pelo menos, duas séries. Ora, como o historiador pode denominar essas séries na qual o acontecimento entra? Como ele pode saber de que séries dispõe para compor uma intriga? Vejamos tal questão.

A história descreve a intriga e não a biografia deste ou daquele ator. Besselaar e Orieux lembram que a biografia é importante para a tradição historiográfica ocidental, pois assim como o historiador não pode render-se exclusivamente às fontes, o biógrafo está sempre se deparando com a situação de ter de fornecer uma visão pessoal, mas não necessariamente arbitrária (Besselaar, 1979, p.80-5; Orieux, s. d., p.33-42). Segundo Momigliano (1983, p.29-31), a história na Antigüidade, seguindo o padrão de Heródoto e Tucídides, separou-se da biografia quando esta cristalizou-se como elogio do indivíduo, com Plutarco, por exemplo; não obstante, Xenofonte ocupou-se de Agesilau tanto do ponto de vista biográfico quanto do histórico.

Não há diferença de natureza entre os grandes papéis e os papéis secundários. Em determinada intriga, o acontecimento considerado é o protagonista; em outra, mero figurante. Em ambos os casos, lida-se com o específico que lhe é próprio; ao passo que a biografia, concebida como uma única série cronológica, impediria que se encontrasse o específico. Isso porque um acontecimento de uma determinada biografia não pode ser narrado em relação a ela própria. Ou melhor, seria possível se essa série fosse vista apenas como uma sucessão cronológica de eventos ou como uma vida orientada em direção a um fim ou destino. Ora, são justamente esses compromissos que se quer evitar, ao se tentar encontrar a distribuição do acontecimento por um número indefinido de séries, incluindo a série biografia.

Não é o acontecimento, enfim, que decide a escolha das séries. Pelo contrário, é porque determinadas séries foram escolhidas que o acontecimento adquire uma importância relativa em seu interior. O que torna interessante a vida de Frederico-Guilherme, um exemplo de Weber discutido por Veyne, são as séries que formam o assunto "história política". De forma idêntica, a vida de seus alfaiates torna-se interessante para o assunto "história da moda". Não é, por conseguinte, a biografia como um todo que se identifica com a série, já que os acontecimentos que a integram podem ser distribuídos por inumeráveis séries (Veyne, 1971, p.65-7; Weber, 1965, p.244-9).

E, como cada uma dessas séries não é uma abstração em que os acontecimentos teriam um estatuto preestabelecido pela contextualização, mas é o recorte do mundo sublunar, a compreensão relaciona-se somente com a descrição de "uma intriga bastante humana e muito pouco científica" (Veyne, 1971, p.46, 111-3).

O conhecimento histórico relaciona-se com a especificidade de um acontecimento no interior da série, de modo que essa especificidade não é definida por um critério interno que isole o acontecimento ou que o torne dependente do sentido ou movimento da história; nem é definido por um critério externo, dependente de um valor atribuído retrospectivamente. Com efeito, não é qualquer valor presente e determinado, como o humanismo ou o nacionalismo, não é uma ideologia, como a burguesa ou a proletária, que está na base da compreensão histórica. É a escolha de um assunto que acaba valorizando o funcionamento do acontecimento nas séries. O assunto escolhido revela um campo de séries nas quais o acontecimento pode ser encontrado. Ou, trocando-se os termos, o específico do acontecimento destaca-se no jogo das séries que um determinado assunto pode envolver.

O específico se esquiva à apresentação cronológica linear e ordenadora dos acontecimentos

A procura do específico no cruzamento de séries, como observou-se, impede que o acontecimento seja visto em uma única série. Vejamos se essa caracterização do específico tem alguma implicação para a apresentação da temporalidade do acontecimento. Quanto a esse aspecto, já é possível constatar, pelo menos, que a apresentação narrativa de um acontecimento biográfico somente revela seu caráter específico quando rompe com a sucessão cronológica de uma biografia. Da mesma forma, poderíamos levar em conta um determinado tipo de história no qual o acontecimento fosse investido de um sentido, de um finalismo histórico. Nesse caso, a procura do específico pelas séries impediria que o acontecimento fosse narrado segundo uma temporalidade ordenadora. Mas em que condições o específico opera sobre a temporalidade do acontecimento?

A noção de "específico" dissocia o conhecimento histórico da unidade temporal do acontecimento. Com certeza, uma das condições da história é levar em conta a ocorrência datável de um acontecimento; porém, a sua inteligibilidade, dependente da dispersão em diferentes séries, impede que a mera cronologia transforme-se em uma temporalidade ordenadora.

De fato, o conhecimento histórico está sempre obrigando o historiador a deparar-se com uma aporia característica, que ele é levado a resolver optando apressadamente por um recurso à totalidade histórica entendida como reunião de acontecimentos dotados de uma temporalidade linear ou ordenadora. De um lado, ele procura compreender um fato por intermédio de uma "explicação de origem". De outro, a partir do presente ele procura atingir o antecedente de um determinado acontecimento pela consideração do resultado global, ou seja, por meio de uma "racionalização retrospectiva". Porém, tais operações são inevitáveis e reenviam uma à outra indefinidamente, caso ele se atenha à apresentação cronológica dos eventos. Não obstante, pode lançar mão da totalidade histórica, mas, assim procedendo, corre o risco de tomá-la como explicação dos acontecimentos, descuidando a tarefa de descrever "cada instante contemporâneo do acontecimento" (Aron, 1948, p.169-75).

Essas operações globalizantes que se impõem, seja do passado para o presente seja no sentido inverso, são devidas mais à existência do acontecimento como diferença temporal do que a seu cronológico linear ou ordenador, que permanece válido para o conhecimento histórico apenas como parâmetro temporal ou guia heurístico. Trocando em miúdos, o caráter específico do acontecimento envolve uma noção de temporalidade que está relacionada à diferença temporal e que, portanto, requer uma articulação da temporalidade a qual, igualmente, não esteja ligada à apresentação narrativa da temporalidade que seja cronológica linear ou ordenadora dos acontecimentos.

Segunda condição: inteligibilidade da diferença temporal

A diferença temporal é mais perceptível na história humana que na história natural

Se o objeto histórico é despedaçado em séries nas quais a singularidade é tornada compreensível, é nelas, em contrapartida, que Veyne vê o conhecimento histórico desembaraçar-se das "verdades eternas" (o homem é sexuado, o céu é azul), pois todo acontecimento é diferença. Sendo assim, trata-se de definir o papel desempenhado pela diferença temporal como índice de inteligibilidade próprio à tarefa narrativa do conhecimento histórico (Veyne, 1971, p.76).

O específico indicou-nos que um acontecimento deve sempre ser situado em séries-intriga, o que desqualifica o tempo uno de um sistema total como indispensável ao conhecimento histórico. Em conseqüência, "somente a irreversibilidade, e não a unicidade e a regularidade, do curso temporal interessa ao historiador" (Aron, 1948, p.49).

O paralelo, iniciado anteriormente, entre história natural e história humana pode uma vez mais auxiliar no aprofundamento desta questão. O acontecimento, seja natural seja humano, precisa ser em primeiro lugar tomado em sua singularidade. Assim, em pé de igualdade, os dois tipos de acontecimento tornam-se interessantes para a história.

Porém, há uma nuança que distingue a história natural da história humana. Ocorre que na natureza existem menos motivos para se contar a história. Uma mudança no relevo ou no clima de uma região da Terra é, sem dúvida, um acontecimento digno de ser registrado em uma história geográfica do mundo. Mas, por trás dessa pequena variação, esconde-se uma permanência cuja escala temporal relaciona-se com idades geológicas de longuíssima duração. Da mesma forma, os atos humanos destacam-se a partir de verdades eternas: o homem é sexuado. No entanto, as expressões variáveis que o homem pode dar à sua sexualidade ocorrem em uma escala temporal bem mais restrita, que diz respeito a mutações culturais, ou mesmo, aos poucos anos que contém uma vida.

Como assevera Veyne: "A única nuança que separa a história do homem da história da natureza é quantitativa: o homem varia mais que a natureza..." (1971, p.78). Assim, o único critério que pode traçar uma fronteira entre as duas formas de história é a freqüência temporal agregada ao acontecimento. Um acontecimento é irreversível; ele se distingue definitivamente de todos os demais por ter um lugar definido no tempo e no espaço. E a irreversibilidade do ponto de vista humano é muito mais marcante, pois o homem tem cultura, vontade e transmite suas experiências (ibidem).

A *diferença temporal é um fator de objetividade*

Se a diferença temporal e o específico, como pode-se constatar até aqui, são critérios de inteligibilidade do acontecimento que se abrem totalmente à liberdade de escolha e de trânsito do historiador no campo dos objetos históricos, cabe uma pergunta sobre a objetividade das escolhas e trajetos realizados. Ora, como uma noção de objeto histórico que se desvencilha da sucessão cronológica e do finalismo histórico pode, ainda, estar na base de um conhecimento objetivo?

A feição diferencial dos acontecimentos ratifica a impossibilidade de que eles sejam comprimíveis em generalidades e totalidades. Caso fosse possível encontrar a lei que exprime a sucessão dos acontecimentos, fornecendo então explicações gerais, não haveria necessidade de contar a sua história. Em outras palavras, se os acontecimentos pudessem ser objeto de uma ciência nomográfica, então não estaríamos mais lidando com a diferença do acontecimento, mas com a temporalidade dos sistemas que porventura tenham sido pressupostos para inseri-los. Ao mesmo tempo, a questão da consciência do tempo apresenta a problemática da posição subjetiva do historiador. Seria necessário um dispositivo de filtragem ou controle do fator subjetivo a fim de que o conhecimento histórico não resultasse deformado. Mas o específico e a diferença desvinculam a interpretação da história de qualquer totalidade, de modo que a subjetividade do historiador não mais teme ser trapaceada pela astúcia do tempo ou do contexto histórico em que está inserida. Por isso, o conhecimento histórico pode ser imparcial para Veyne (ibidem, p.81). Não se propõe nenhum fim; confunde-se com a mera curiosidade que faz com que alguém, ainda que diretamente envolvido com os acontecimentos, seja capaz de explorá-los teoricamente, de maneira independente de suas convicções e valores. É o que nos ensina Schopenhauer: "A objetividade perfeita do conhecimento, que nos torna capazes de conhecer o objeto, não como objeto individual ... tem por condição que o sujeito não tenha consciência de si mesmo naquele instante, e que sua consciência individual esteja então reduzida a ser condutora da existência objetiva das coisas" (apud ibidem, p.200).

Com isso, o específico e a diferença reforçam a posição do acontecimento no campo do sublunar, isto é, entre as coisas vistas não em sua permanência, mas segundo sua existência discreta, coisas que aparecem e desaparecem e das quais tem-se uma consciência graças simplesmente ao registro da memória. Ora, se o mundo sublunar não diz respeito a nenhuma regularidade que permita estabelecer leis de seu funcionamento, isso não torna seu conhecimento menos possível.

Por esse caminho chega-se, mais uma vez, ao que fora estabelecido no capítulo anterior.

O objeto da história, então, é definido intelectualmente por uma tomada de posição do ponto de vista do conhecimento que deseja explicar individualidades e não regularidades que estariam por trás dos acontecimentos. Consoante tal definição, agora já po-

ENREDOS DE CLIO: PENSAR E ESCREVER A HISTÓRIA COM PAUL VEYNE 57

de ser concluído que a tomada de posição do conhecimento histórico, em busca da inteligibilidade que lhe é afim, é a organização sublunar dos acontecimentos. É como se recolhêssemos a lição de Aristóteles segundo a qual uma ciência do sublunar deve tratar não de "seres divinos", mas da natureza viva, onde não se encontram leis, mas a complicação inerente às coisas que vivem (Aristóteles, 1956, p.17-8 – I, 5, 644b).

Eis que a própria diferença do acontecimento apresenta a problemática da causalidade, pois trata-se de reconstituir os acontecimentos individuais em intrigas, captando-lhes o caráter específico.

TAREFA NARRATIVA IV: NOÇÃO DE CAUSA E NARRATIVA HISTÓRICA COMO CRITÉRIO DE "BOA-FORMA"

Explicar descrevendo

Descrição e causa histórica

A tarefa narrativa está relacionada com objetos históricos – os acontecimentos – cujas características ressaltam sempre seu caráter apropriado à descrição. Os acontecimentos são narrados em intrigas nas quais se desenvolve uma explicação. Seria essa explicação, ela mesma, causal? E, supondo que o seja, que tipo de causa histórica pode ser encontrado em uma intriga de modo que seu perfil, assim como o do acontecimento, seja adequado ao regime narrativo?

A história só chega a explicações muito simples, que, para Veyne, correspondem "à maneira da narrativa de se organizar em uma intriga compreensível" (1971, p.111). Um bom livro de história é facilmente compreensível e, para tanto, não é necessário que todos os fatos nele contidos sejam explicáveis por seu princípio ou por uma teoria geral que contenha suas leis. Se a história se preocupa com o sublunar, isto é, se ela observa os eventos simplesmente porque eles acontecem, a ciência, no sentido da descoberta de legalidades, tem muito pouco a dizer à história; ela não auxilia muito no aprofundamento da explicação histórica.

58 HÉLIO REBELLO CARDOSO JR.

A queda de uma pedra pode ser explicada pelas leis da física, mas é apenas uma evidência que será posta entre parênteses pelo historiador no momento em que ele narrar como um general foi atingido por um tijolo quando conduzia suas tropas para uma batalha decisiva. Da mesma forma, "a vida econômica de uma nação não coincide com o sistema de leis econômicas e não pode se explicar por seu intermédio" (ibidem, p.113).

Mas, se a explicação histórica remete à descrição do mundo sublunar, deve-se perguntar se a sua estrutura possui algum tipo de organização, de modo que o historiador não se perca em meio a fatos atômicos e totalmente aleatórios. Um indício de que existe tal organização é que toda pesquisa histórica é por definição retrospectiva, isto é, uma vez isolado um acontecimento, ou mesmo um agregado de acontecimentos definido abstrata e livremente, precisamos procurar os seus antecedentes. Com isso, estabelece-se uma cadeia de acontecimentos que se ligam entre si. Ora, então a explicação deve corresponder à descrição de causas históricas, no sentido bastante genérico da organização de acontecimentos.

Dilema: causa necessária ou sucessão

Contudo, mesmo que afirmemos a existência de causas históricas, a indagação não foi objetivamente respondida. É preciso saber que tipo de causa existe entre os acontecimentos históricos. E com isso chega-se a uma contradição, como foi visto por Aron: os acontecimentos são irrepetíveis, são diferença, de forma que o historiador fica incapacitado de reproduzi-los, deparando-se com a impossibilidade de saber se encontrar uma causa histórica implica uma sucessão contingente ou uma relação necessária, isto é, se ele deve ater-se à mera observação factual ou se demonstra a ligação intrínseca desses acontecimentos (Aron, 1948, p.201).

Esse dilema exasperou particularmente o pensamento positivista do século XIX.

A. Comte achava preocupante que a história se ativesse ao mero registro factual em vez de demonstrar leis históricas. Com o fito de trazer a história para o rol das ciências positivas, criou a física social e a sociologia a partir de uma analogia entre os sistemas sociais e os sistemas biológicos. Em ambos, Comte detecta um tipo

ENREDOS DE CLIO: PENSAR E ESCREVER A HISTÓRIA COM PAUL VEYNE 59

de organização diverso daquele encontrado nos sistemas cosmológicos e físico-químicos. Dá-se que a complexidade interativa dos sistemas sociais e biológicos faz com que uma alteração na ordem de seus elementos conduza a um novo estado, isto é, a um progresso. Já no sistema solar, por exemplo, a alteração da órbita de um planeta certamente modifica o conjunto do sistema, mas ele se auto-regula retornando à situação inicial (Comte, 1968, p.17-21, 243-53, t.I e IV). Nesse caso, uma causa histórica somente pode ser encontrada, pressupondo-se a legalidade específica dos sistemas sociais.

J. S. Mill, por sua vez, avaliava a história de forma semelhante à de Comte, mas acrescentava à solução da questão uma base utilitarista de origem benthaniana. A observação de fatos históricos propicia a formulação de leis empíricas, mas elas são apenas leis de sucessão que não explicam a própria causa; por seu intermédio observa-se apenas que a história possui um sentido evolutivo, mas não se detecta a causa dessa evolução. Por isso, conclui Mill, as leis empíricas devem necessariamente derivar de leis gerais da psicologia humana, as quais definem as reações do homem – ou da humanidade – diante das circuntâncias que se lhe apresentam. Assim, na verdade, ocorre que reações a situações determinadas e individuais acumulam-se induzindo a evolução histórica. Tais leis são cumulativas em dois sentidos. Em primeiro lugar, elas exprimem uma resultante do comportamento individual. Em segundo lugar, a cada conjunto de circunstâncias, a humanidade incorpora o resultado da reação à situação anterior. Em suma, as leis empíricas da história são geradas pelas leis da psicologia humana; estas, sim, condutoras da evolução humana (Mill, 1974, p.213, 223-9, 235-8, 249-52).

Outra forma de resolução de tal dilema ficou curiosamente aquém da tarefa científica estabelecida pelos filósofos positivistas. De fato, a historiografia de fins do século XIX resignou-se à singularidade do acontecimento, reduzindo-se a história à compilação e à crítica de fatos isolados. Na verdade essa historiografia, dita positivista, adotou do ideário positivista apenas a noção de que o fato histórico é em princípio isolável da subjetividade e do tempo do historiador, assim como os fenômenos naturais. Tal consideração instrumentalizava o historiador pois dotava-o com a requerida neu-

Terceira condição: causa no acontecimento

A causa se confunde com o causado

Como é possível escapar às duas posições anteriores quanto à explicação causal? Vejamos como Veyne apresenta uma resposta original a essa questão, partindo de uma sugestão feita por Aron.

Segundo Aron, existe uma terceira solução possível para a questão da causa histórica, de forma que se torna dispensável o confronto entre observação factual e relação necessária. A causa histórica deve tomar como modelo para sua reconstrução as deliberações, isto é, a intenção dos atores concretos. Ora, antes de mais nada, tal objetivo introduz na explicação histórica um perfil coloquial. A história precisa devolver o mundo como ele aparece a nossos olhos. Por suas próprias limitações, ela deve remontar ao antecedente de um evento, mas o faz procurando "restituir ao passado a incerteza do futuro" (Aron, 1948, p.224).

A explicação histórica descreve o mundo sublunar, a sua estrutura se define diante do futuro contingente, de modo que nele a liberdade, o acaso, as causas e os fins aparecem confusos e não se distinguem muito bem uns dos outros. A causa é ela própria um acontecimento, de maneira que "a ligação causal seria tão palpável que a explicação não se distinguiria da narrativa dos fatos" (Veyne, 1971, p.115).

Pois bem, se não há uma maneira efetiva de determinar causas, uma vez incumbido de trilhar a seu bel-prazer as séries que escolher, qual o critério para que o historiador interrompa a pesquisa e se dê por satisfeito? Ressalve-se, naturalmente, que a referência à livre escolha do historiador no campo da história pressupõe um limite de ordem material: o estado da documentação. Porém, como observa Marrou, "um estoque limitado de documentos representa uma massa inesgotável de ensinamentos, porque existe um número indefinido de perguntas a que esses documentos podem responder" (1958, p.66-7).

ENREDOS DE CLIO: PENSAR E ESCREVER A HISTÓRIA COM PAUL VEYNE 61

Ora, o mundo histórico, para Veyne, é definido pelo futuro contingente; é feito de "coisas que poderiam ter sido outras" (1971, p.117). Sendo assim, as séries compõem na verdade intrigas cujos centros de decisão são a liberdade e o acaso. A explicação histórica irá mais longe se o historiador se dispuser a explicitar mais acasos e liberdades a partir do acontecimento estudado.

A franquia do historiador em prosseguir a pesquisa até o ponto que o levar sua curiosidade e capacidade de trabalho deve-se a que um acontecimento é sempre isolado nominalmente. Um acontecimento não possui uma existência concreta capaz de distingui-lo das liberdades, dos acasos e dos dados objetivos tomados como seus antecedentes, isto é, como suas causas. Na verdade, para Veyne, as causas são "aspectos do fato" (ibidem, p.119). E tais considerações são válidas tanto para os acontecimentos tomados individualmente quanto para agregados de acontecimentos. "Revolução", por exemplo, mantém unidade apenas sob seu nome; ela é um conjunto de acontecimentos que somente podem ser explicados por outros sobre os quais o historiador lança luz.

Causa e dispersão dos acontecimentos em séries

Paul Veyne acata a sugestão de Aron a respeito da causa histórica até certo ponto. Concorda com este último que a explicação causal deva restituir a contingência dos acontecimentos, dotando a narrativa de uma expressão coloquial. No entanto, Veyne discorda do ponto de vista aroniano, ao não assumir todas as conseqüências da exigência de que a explicação tome como modelo as deliberações de agentes concretos. Veyne não deseja que o historiador se veja constrangido a associar a explicação causal a determinada teoria sobre a estrutura da ação. Na verdade, Veyne radicaliza sua noção de causa histórica ao dissolvê-la no campo acontecimental como cruzamento de séries. Observemos, em seguida, como Veyne constrói uma noção de causa histórica combinada com o caráter do acontecimento, a fim de que ela possa receber um registro narrativo, sem que o historiador tenha de se manifestar sobre determinada estrutura da ação (essa questão será vista com mais precisão adiante (p.172-7).

Quando o historiador constrói uma narrativa, procurando alinhavar o acontecimento ou acontecimentos dispersos por entre as séries, então ele elabora uma intriga. Simultaneamente a isso, faz uma reconstituição, isto é, a causa histórica revela-se na própria intriga. Assim, quanto ao papel desempenhado pela causa em relação à história, assinale-se que esta não vai do fenômeno a seu princípio nem a sua causa geral. A explicação causal que ela pode oferecer permanece no "plano horizontal", segundo Veyne (1971, p.115), isto é, ela relatará um acontecimento cuja causa é outro acontecimento, nada mais que seu antecedente na ordem do tempo. Sempre que a história se perguntar pela causa estará impedida de assinalar algo intrinsecamente causal ou algo cuja função genérica seja proeminentemente causal.

Em contrapartida, é inútil afirmar, separando o acontecimento de suas causas, que todos os elementos causais se equivalem e que, portanto, todas as causas têm participação na produção de um efeito, como indica C. Seignobos (1901, p.269-71), rebaixando toda a causalidade à causa imediata (cf. Langlois & Seignobos, 1946, p.197-206). Em primeiro lugar, o historiador não está destinado a fazer o papel de "contínuo da empiria", dedicando-se a distinguir as causas de um determinado acontecimento, enumerando-as. Ele se perderia na profusão de séries que se entrecruzam para formar um acontecimento, ou seja, ele poderia nomear como causa tantos quantos fossem os aspectos não-acontecimentais que estivesse apto a revelar a partir da atmosfera que circunda cada acontecimento. Dessa forma, o seu único limite é poder "desenvolver uma narrativa cujos episódios se sucedam e cujos atores e fatores articulam seus atos" (Veyne, 1971, p.116).

Em segundo lugar, mesmo voltando sua atenção para determinadas séries, o historiador não procura nela algo que possa ser isolado como causa. A própria causa escolhida se esfacelaria entre as séries que podem ser completamente diferentes, isto é, que não podem ser reunidas nem substancial nem analogamente para constituir a essência causal. O fato é que, embora indiferentes entre si, as séries explicam-se mutuamente pelo simples motivo de que, ocasionalmente, um acontecimento aproximou, ou fez convergir, suas trajetórias.

Causa no acontecimento: deslocamento entre séries

Pelo mesmo motivo, a explicação causal histórica é o deslocamento pela dispersão das séries, sem que o historiador tenha de se munir de novos pressupostos cognitivos ou tenha de apurar o seu método em outro sentido. A postura será idêntica, não importando se ele se coloca ao nível da análise microscópica ou se procura seguir os movimentos de conjunto. A leveza e sutileza de tais deslocamentos correm o risco de se tornar operações morosas, ou mesmo desprezíveis, pois, por exemplo, como salienta Aron, "o problema das origens imediatas da guerra de 1914, para um marxista, terá um alcance e um interesse reduzidos. A economia capitalista, a política européia do século XX secretam, por assim dizer, um conflito, pouco importando os incidentes dos últimos dias" (1948, p.225).

Quanto a isso cabe indagar, retornando a uma problemática com a qual temos estabelecido vários pontos de confronto: a associação da explicação causal com o livre deslocamento da narrativa por entre as séries permitirá, uma vez mais, que o historiador se desvencilhe da noção de uma causa que se destaca entre todas as demais?

De fato, o livre deslocamento pelos níveis das séries dilui algumas questões definidoras de determinadas posições epistemológicas muito difundidas na teoria da história. As "causas" econômicas do capitalismo, levantadas por um historiador marxista, bem como a relação do protestantismo com o capitalismo, estabelecida por um historiador de extração weberiana, são apenas aspectos novos que se acrescentam ao agregado "capitalismo". São acontecimentos novos revelados: de um lado, a expressão das forças produtivas e das relações de produção; de outro, a descrição da atitude religiosa característica do capitalismo. Ao mesmo tempo, diz Veyne, com esses acréscimos, a entidade nomeada "capitalismo" se enriquece e deixa de ser a mesma (1971, p.118, n.5).

Além disso, o deslocamento da explicação histórica tem sido associado ao reconhecimento da existência de "diferentes ritmos temporais", segundo F. Braudel (1969, passim). Mas a diferença não-essencial de seus episódios tornaria inútil a definição de ritmos temporais diversos, pois o nível de uma série nada tem a ver com uma temporalidade substancialmente atribuída ao acontecimento.

Com efeito, a causa histórica deve relacionar-se com o tempo do devir e da contingência e não com o tempo do sistema, dado pressuposto e responsável pela sua estabilidade. A temporalidade que aparece no registro narrativo da explicação causal é sempre uma temporalidade múltipla que percute entre as séries nas quais um acontecimento se dispersa. A temporalidade expressa na explicação causal precisa sempre captar a singularidade da existência e ocorrência de um acontecimento. "O tempo", afirma Bergson, destacando o seu caráter de singularidade, "é a própria hesitação ou não é nada" (1950, p.101).

A explicação histórica está imersa na narrativa

Como o historiador não procura causas por oposição a acontecimentos, a história apenas descreve estes últimos; sabe-se, segundo L. Febvre (1965, p.26), que não se pode pensar a história por camadas. Ela pretende ser apenas uma narrativa de fatos verídicos, comprovados, mas o caráter da explicação causal de que se vale não é uma operação distinta da utilizada pelo escritor de ficção. Não existe, para Veyne, uma história narrativa por oposição a uma história explicativa: "Explicar mais é contar melhor, e de qualquer forma não se pode contar sem explicar" (1971, p.119). Para a história, no que concerne à causalidade, somente existe a possibilidade de aprofundamento da narrativa (essa questão desenvolveremos com mais vagar no Capítulo 3).

A relação aqui estabelecida entre explicação causal e narrativa atinge dois tipos de atitudes comuns entre os historiadores. Croce, em primeiro lugar, define a crônica como a história contada com "palavras abstratas, que antes foram concretas e a exprimiram". A crônica é tão-somente uma narrativa em ordem puramente cronológica, enquanto a história constitui uma atitude espiritual diferente, um "ato de pensamento" que apreende o conteúdo dos fatos dando-lhes uma forma lógica (Croce, 1948, p.12-7). Outra atitude seria associar a face narrativa da história com a noção posi-

ENREDOS DE CLIO: PENSAR E ESCREVER A HISTÓRIA COM PAUL VEYNE   65

tivista de fato histórico, isto é, a história como descrição de fatos singulares e isoláveis concretamente. Mas a história alcançaria outro nível de abordagem se em vez de se restringir aos fatos "fizesse o documento falar", propiciando um tipo de explicação causal que implica a intervenção ativa do historiador (Furet, s.d., p. 81-9; Febvre, 1965, p.4-5). De fato, como se observou, a explicação causal envolve a escolha de um assunto e a denominação das séries, de modo que a narrativa resultante nunca significa a submissão do historiador a uma suposta naturalidade do acontecimento.

Se, de acordo com a posição aqui desenvolvida, toda narrativa comporta uma explicação causal, não é correto associá-la nem a um nível pré-lógico que antecederia o trabalho do pensamento nem a uma atitude científica falseada do ponto de vista da especificidade do conhecimento histórico. Com efeito, a narrativa histórica está implicada na definição de um regime de explicação causal própria ao conhecimento histórico e, portanto, diversa daqueles regimes provenientes da noção de cientificidade elaborada em outros ramos do saber.

Por esse motivo, torna-se necessário saber, ainda, se a tarefa narrativa pode contar entre seus componentes com uma noção de causalidade histórica apropriada à causa definida como equivalente ao acontecimento.

TAREFA NARRATIVA V: EM BUSCA DA "CAUSALIDADE SERIAL"

Acasos, liberdades, materialidades e causalidade

A explicação histórica com base na causalidade é necessariamente incompleta

Ficou estabelecido que a causa equivale ao acontecimento; trata-se de descrevê-lo. No entanto, os próprios acontecimentos envolvem acasos, liberdades e materialidades. Como deve, então, a tarefa narrativa resolver o problema da imbricação desses elementos na explicação causal?

66 HÉLIO REBELLO CARDOSO JR.

Com efeito, pode-se dizer que o acontecimento comporta: causas finais (liberdade), as quais, sendo usadas como critério para a caracterização do conhecimento histórico, resultam em uma concepção idealista; causas superficiais (acaso), que, postas em evidência, resultam na concepção da história como Fortuna ou Destino; e causas materiais (dados objetivos), as quais implicariam uma concepção materialista da história.

Mas sabe-se, pelo que já ficou dito, que a distinção entre os elementos formadores do fato histórico é uma abstração. No mundo sublunar, eles estão imbricados. Os fins têm de se realizar necessariamente por intermédio da matéria; da mesma forma que o acaso somente se explica mediante sua efetivação como malogro do fim projetado pela liberdade da vontade. A explicação histórica, diz Veyne, "não desembocará nunca nas misteriosas forças produtivas, mas somente em homens como você e eu, homens que produzem e que, por isso, põem as causas materiais a serviço das causas finais" (1971, p.122).

Devido a essa imbricação das causas, a explicação baseada na causalidade é incompleta e deve deter-se sobre um desses elementos, sem que um possa ser escolhido em detrimento de outro. Em contrapartida, a explicação completa é uma ilusão, pois pressupõe a regressão causal ao infinito. Entretanto, as explicações que parcializam, ou recortam formalmente, o acontecimento através da eleição de causas primeiras ou gerais, na verdade colocam em situação de destaque um aspecto que já pertencia ao acontecimento. Esse tipo de explicação, que se conduz por uma suposta legalidade ou figura de sentido da História, encontra no acontecimento aquilo que dele retirara para criar a instância causal. Gera-se, então, um círculo vicioso pelo qual, uma vez atribuída a causa, o próprio causado confirma a potência geradora.

Da mesma forma que, pelas razões apresentadas, a explicação histórico-causal baseada em causas materiais destaca desnecessariamente os dados objetivos, a explicação baseada em causas finais destaca os comportamentos individuais e coletivos. Por exemplo, a história das mentalidades, ainda que pressupondo uma base material, acaba por reificar seu objeto de estudo. Nessa modalidade de estudo, de acordo com Veyne (1971, p. 232-4; 1974, p.71), a unidade do acontecimento é quebrada, pois a mentalidade é associada a um panorama mais abstrato, ao tempo longo das idéias, por oposição ao tempo curto no qual se situariam os acontecimentos. Até data bem recente, os historiadores das mentalidades operavam com o esquema de temporalidades desenvolvido por Braudel, pois, como assinala Duby, "convém com efeito aplicar ao estudo das mentalidades o esquema proposto por F. Braudel, que convida a distinguir no tempo passado três patamares diferentes – ou dito de outra forma três histórias" (1967, p. 949). Mas, segundo o ponto de vista veyniano, este é apenas um recurso para, fixando o acontecimento à extensão da duração, tergiversar o problema da incompletude da explicação causal.

Distinção não-essencial entre ordem e acaso

Avançando ainda um pouco mais nessas considerações, diga-se que a distinção entre causas profundas (materiais ou finais) e causas superficiais (acaso) não pode ser feita em sentido absoluto. Tal distinção somente se torna plausível considerando-se uma série de eventos e situando em seu interior o acontecimento a ser analisado. Será dita "profunda" a causa que melhor resumir o conjunto de uma intriga (Veyne, 1971, p.127). Por exemplo, a Revolução Francesa explica-se pela ascensão da burguesia, o que implica razões políticas, econômicas, diplomáticas etc.; enfim, um complexo de fatos, e nunca simplesmente "causas econômicas" ou de qualquer outra ordem. As causas superficiais, por seu turno, atuam estrategicamente, isto é, modificando o resultado final esperado devido a variações imperceptíveis nas condições iniciais. As causas, assim, são definidas segundo a modalidade de sua intervenção (ibidem, p.129-30; Aron, 1948, p.268-93).

Contudo, uma vez que se considera a multiplicidade das séries, a referência modal de uma causa profunda ou estratégica torna-se intercambiável. Um acontecimento que desempenharia a função de causa profunda em uma série poderá ser causa superficial em outra série. Em qualquer caso, o historiador está à procura de uma causa que resuma narrativamente uma intriga. Diga-se de passagem, aliás, que quando o historiador encontra uma causa-acontecimento que resume a intriga ele está prestes a migrar para o terreno das teorias históricas (ponto de que trataremos com a amplitude devida no Capítulo 3).

Tais considerações implicam ainda uma conseqüência digna de nota. A possibilidade de definir o acaso nominalmente, assim como qualquer acontecimento, significa que não se pode chegar a uma definição do acaso por oposição à ordem causal. O acaso não designa uma categoria de dados materialmente definidos, ele é relativo; segundo Aron, "um acontecimento pode ser dito acidental com relação a um conjunto de antecedentes, determinante com relação a um outro" (1948, p.220). Somente uma definição nominal permite a distinção não-essencial entre ordem e acaso, de modo que o historiador não precise justificar a construção de séries a partir de uma representação antropomórfica de acordo com o interesse humano como, por exemplo, a evolução no sentido da liberdade.

Nem tudo está de acordo com a liberdade humana ou com a lógica férrea do determinismo material. Por isso, um mundo hierarquizado por um princípio ordenador às vezes falha em sua finalidade devido à interferência de seres sublunares, de acordo com a lição que recolhemos de Aristóteles: "É como uma casa onde as ações humanas dos homens livres não são deixadas ao acaso, mas onde todas as suas funções, ou pelo menos a maior parte, estão ordenadas, enquanto para os escravos e as bestas de carga, há poucas coisas que tenham relação com o todo, mas a maior parte é deixada ao acaso" (1948, p.57-8-A, 10, 1075a 19-23).

A questão da suposta oposição entre ordem e acaso pode ser observada de forma mais aguda do que a imagem aristotélica do mundo sublunar o permite, se estabelecermos a ligação recíproca entre a noção de acaso e a noção de séries, o que, de resto, poderá ser efetuado com dados de que dispomos nas páginas anteriores. De fato, a dualidade celeste/sublunar assinalada por Aristóteles hierarquiza os acontecimentos como "necessários", "freqüentes" e "contingentes", aparecendo estes últimos, os acasos, apenas como uma falha, um lapso, a que estariam sujeitas as causas finais. Se essa aproximação de Veyne à concepção de sublunar aristotélico permite definir o curso dos acontecimentos no mundo histórico, indicando a imbricação dos vários tipos de causas, a associação da noção de acaso à de séries permite, por sua vez, entender o primeiro

ENREDOS DE CLIO: PENSAR E ESCREVER A HISTÓRIA COM PAUL VEYNE   69

positivamente como um verdadeiro acontecimento, e não negativamente como uma falha ou lapso contingencial que deturparia momentaneamente a ordem causal.

Com efeito, tal ligação acaso e séries pode ser observada a partir da definição da causa como apenas um aspecto do acontecimento, como vimos. Ora, se os acontecimentos são entrecruzamentos de séries, as causas também o são e, portanto, uma causa fica determinada apenas como um acontecimento em relação a outro; tal é a idéia que aparece claramente formulada por Cournot. A partir daí, esse mesmo autor fica apto a definir o acaso como decorrente da noção de série, isto é, da mesma maneira como se define a noção de causa, pois, diz ele, "os acontecimentos produzidos pela combinação e pelo encontro de fenômenos que pertencem a séries diferentes, na ordem da causalidade, são o que se denomina acontecimentos fortuitos ou resultados do acaso" (1984, p.54-5).

Retrodicção e síntese como "restituição da contingência"

A "restituição da contingência" é um gerador de hipóteses causais

Se a causalidade histórica deve ser função da tarefa narrativa, cumpre notar a relação entre explicação causal e crítica documental, pois o aparato documental é o ponto de partida para a narrativa histórica. A causalidade afeita ao registro narrativo apresenta um procedimento peculiar quanto à formulação de hipóteses causais com base na crítica documental.

A explicação causal que caracteriza o conhecimento histórico começa muito simplesmente a partir do momento em que o historiador procura suplantar a ótica lacunar do documento. Tal procedimento passa como que despercebido, pois é uma operação banal praticada pelo homem comum cotidianamente: "Todo historiador", diz Aron, "para explicar o que se passou, se pergunta o que poderia ter sido. A teoria se limita a pôr em forma lógica essa prática espontânea do homem da rua" (1948, p.202).

Independentemente de seus bastidores teóricos, a reconstrução causal precisa esmerar-se em restituir a contingência do presente em fatos passados. Por isso, Veyne denomina essa operação "retrodicção" (1971, p.182-4). A explicação precisa trazer à tona aquilo que no acontecimento é específico. A estrutura do real é inescrutável por si mesma; nela todos os elementos são confusos; são simultaneamente causas e conseqüências que podem ser enumeradas ao infinito.

O historiador não confia piamente no que o documento lhe informa sobre o passado, simplesmente porque o texto pode ser lido de duas maneiras diferentes. Suponha-se o escrito: "Luís XIV tornou-se impopular porque os impostos eram muito pesados" (ibidem, p.177). Em primeiro lugar, o historiador acredita que a causa da impopularidade do rei é devida aos impostos, de modo que se pode limitar ao que enuncia a fonte e reproduzi-la. Em segundo lugar, apenas se supõe que a explicação mais plausível da impopularidade do rei foram os impostos, ou seja, ele tem nas mãos uma hipótese explicativa que precisa ser comprovada pela reconstrução da cadeia causal. L. Febvre já havia indicado difusamente esse problema sem lhe extrair as conseqüências teóricas, afirmando que a condução científica da história, o que não quer dizer que a história seja uma ciência, "implica duas operações, as mesmas que se encontram na base de qualquer trabalho científico moderno: estabelecer problemas e formular hipóteses ... Fazer penetrar na cidade da objetividade o cavalo de Tróia da subjetividade..." (1965, p.22).

A história procura restituir a contingência de homens vivendo em um presente incerto. Como qualquer leigo na situação de tomar uma decisão, o historiador imagina as várias possibilidades do desenrolar dos acontecimentos a partir das diferentes soluções possíveis. Na verdade, como assinala Weber (1965, p.291-2), a única diferença entre o historiador e o homem comum é que o primeiro se posta diante de um passado já cumprido, de modo que já se sabe qual foi o resultado. Não obstante, é necessário saber ainda como tal fato cumpriu-se em meio às diversas possibilidades. Além disso, o historiador poderá aproveitar-se do acúmulo de conhecimentos históricos sobre situações análogas às tomadas em sua análise, a fim de enriquecer suas hipóteses explicativas (essa questão veremos no Capítulo 3). M. Bloch (1959, p.21-3) entrevia tal mecanismo gerador de hipóteses fazendo-o coincidir com o efeito de uma dispersão salutar produzida no historiador pela erudição. O historiador deve reconstituir o passado por meio de causas hipotéticas que explicam os efeitos resultantes. Antes de mais nada, tal operação evita um antigo problema, assim formulado por Aron: "A ilusão de fatalidade que contradiz a impressão contemporânea de contingência" (1948, p.224). Por outro lado, leva em consideração a presença inegável do fator subjetivo no conhecimento histórico, mas este último aparece apenas como um gerador de hipóteses explicativas independente da reconstrução causal. E tal operação atua a partir do presente em direção ao passado, muito naturalmente porque, como diz Bloch, "qualquer investigação se faz do menos mal conhecido para o mais obscuro" (1959, p.30-1).

Porém, se o procedimento de atribuição de causas – a retrodicção – apresenta um perfil "espontâneo" é preciso ainda saber como se pode assegurar a validade das hipóteses causais isoladas.

Deficiência do controle da subjetividade na reconstituição causal

Evidentemente, o procedimento de formulação de hipóteses no sentido de uma restituição da contingência evita a preocupação de controlar o fator subjetivo por meio da crítica dirigida à condição social do historiador. Neste último caso, as hipóteses e teorias utilizadas pelo historiador são consideradas produtos de consciências individuais que, no entanto, precisam ser compreendidas como produtos oriundos do contexto histórico em que está inserido o sujeito do conhecimento e está envolvida a própria evolução do conhecimento (científico). Em outras palavras, o fator subjetivo deixa de ser considerado apenas o elemento que propicia a reconstituição causal, para tornar-se o objeto de uma crítica da ideologia. Não só os fatos documentados devem ser relacionados ao contexto histórico que os circunda, envolvendo-os com a ideologia de seu tempo, mas igualmente a consciência que os percebe e conhece (Schaff, 1983, p.259-66, 170-84).

Outros historiadores, a exemplo de L. Febvre (1965, p.6-7), atribuíam a formulação de hipóteses simplesmente à imaginação do historiador. Tal indicação, aparentemente ingênua, se, por um lado, alerta para a participação da criatividade na construção dos fatos, por outro insere no conhecimento histórico um tipo de subjetivismo que resiste ao postulado da identidade essencial do homem para que daí surja a possibilidade de compreensão do passado, como afirmava Dilthey (1973, p.23): "Podemos reproduzir em nós os fatos e situações sociais ... sobre a base da percepção de nossos próprios estados, e acompanhamos ... com todo o jogo de nossos afetos a visão e a representação do mundo histórico". Outro tipo de postura que fica impedido é aquele que atribui ao historiador a capacidade de "re-presentar", isto é, de reviver reflexivamente os fatos passados em decorrência do caráter universal dos atos humanos, que torna o real vivido acessível ao pensado (Dilthey, 1973, p.36; Rossi, 1954, p.23-30). Tanto num caso quanto em outro o historiador não se preocupa com a conexão histórica dada pelo homem, mas sim com a dispersão das hipóteses que sua capacidade de gerar questões históricas põe em jogo.

Sem dúvida, a imaginação desempenha um importante papel no estabelecimento de hipóteses causais para um dado acontecimento; o conhecimento histórico deve a ela a multiplicidade das hipóteses postas em jogo, porém não é a imaginação que garante a sua validade. De fato, retomando o exemplo anterior, sabe-se que a causa da impopularidade do rei provavelmente se deva à pesada carga fiscal, porém pode dever-se também a seu caráter arrogante ou a seu malogro como conquistador e guerreiro. Não há como provar qual a causa que explicaria um acontecimento. Qualquer uma delas pode ser aventada e fazer parte da explicação, independentemente de qualquer procedimento de crítica da subjetividade do historiador. Porém, é necessário saber como guiar-se diante das múltiplas hipóteses lançadas.

A crítica documental, em sua relação com a restituição da contingência dos acontecimentos, fornece hipóteses para a explicação causal que dispensam o controle da subjetividade do historiador, principalmente no sentido de uma crítica ideológica. Em contrapartida, torna-se necessário observar que Veyne está em busca de um tipo de causalidade histórica que vai além da simples reconstituição causal com base na crítica documental.

A causalidade histórica e a probabilidade objetiva

Testes objetivos para controle das hipóteses causais

Weber, assim como Veyne, cuja posição veremos logo em seguida, não se contenta com o simples rigor da crítica documental, como procedimento para estabelecer a validade das hipóteses causais. Ao analisar essa questão, observou que o maior rigor a que se poderia chegar é estabelecer os diversos graus de probabilidade das hipóteses levantadas, no que a lógica da explicação histórica muito se aproximaria do cálculo estatístico de probabilidades, com a distinção de que seus resultados não podem ser transpostos para a expressão matemática (Weber, 1965, p.314-7). Mas Weber precisa informar, ainda, qual a importância teórica de tal procedimento, posto que a aproximação entre a probabilística e a reconstrução da cadeia causal em história é relativamente comum (Veyne, 1971, p.177).

Mesmo antes de se testar o grau de chance das hipóteses causais, é necessário isolá-las a partir do próprio acontecimento considerado. Em outras palavras, a explicação histórico-causal começa em geral por uma abstração por meio da qual nosso pensamento cria categorialmente um "complexo de relações causais possíveis". Em primeiro lugar, o acontecimento histórico é decomposto: de um lado, um elemento escolhido como causa; de outro, um complexo de elementos condicionantes. Em segundo lugar, estabelecem-se generalizações entre os elementos decompostos a fim de reconstituir a ocorrência do acontecimento. A partir da situação dada, não resta senão o estabelecimento de quadros imaginários, pois, "para desvendar as relações causais reais, construímos relações causais irreais" (Weber, 1965, p.319).

É importante notar que a realidade e a síntese feita pelo pensamento não têm uma relação de identidade, pela qual esta última procuraria ser a cópia fiel da primeira. Para Weber, a causalidade é uma categoria de nosso pensamento, de modo que ela não pode originar um contexto histórico como reprodução do real. Os elementos isolados como causas de um acontecimento pela síntese precisam ser testados logicamente, a fim de verificar se, em sua ausência, o "todo histórico concreto", isto é, a situação histórica não decomposta, teria sido produzido. Estabelece-se, dessa forma, uma hierarquia de causas, segundo a qual os elementos que conduzem necessariamente ao acontecimento global são "causas adequadas" e aqueles que têm somente uma participação que não induz o resultado final são "causas acidentais" (Weber, 1965, p.318-9).

Mas tal operação, para ser válida objetivamente, tem de ser bastante limitada. Antes de mais nada, visa retirar o acontecimento de sua singularidade irredutível. Ao deparar os dados da realidade, ou seja, os documentos, com "estruturas fortuitas", ou seja, construções categoriais nas quais se supõem relações causais de uma dada situação, o historiador aproxima-se de uma síntese do que em princípio era tão-somente um fato irredutível ao conhecimento. Essa face da explicação histórica, como afirma Aron (1948, p.206), não é uma desvantagem em relação à realidade, uma vez que o mundo histórico não é um sistema fechado, nele não há causas únicas ou necessárias, mas apenas causalidade hipotética atribuída pelo pensamento do historiador.

"Imputação causal" e "saber nomológico"

Em seguida, a "imputação causal", a que se refere Weber, é limitada no sentido de que se relaciona a "situações históricas específicas". A reconstrução causal opera por meio de um raciocínio categorial ao qual se aduzem hipóteses mais ou menos prováveis aplicadas a um acontecimento determinado, sem ter de apresentar a estrutura íntima, o sentido ou a evolução do mundo histórico.

Com efeito, a reconstrução causal tem como base um "saber ontológico", ou seja, ela se estabelece a partir de fatos exteriores ao nosso pensamento; são os vestígios do passado fornecidos por toda espécie de documentos. Além disso, a reconstrução causal corresponde a um "saber nomológico" das regras de experiências conhecidas; quer dizer, o conhecimento acumulado e transmitido culturalmente ensina que o homem reage de forma habitual segundo uma dada situação (Weber, 1965, p.164-5, 304-6). Existe, por conseguinte, uma conexão de conteúdo determinado entre o historiador e a situação histórica em pauta, que surge muitas vezes identificada ao automatismo intuitivo, a exemplo do que afirma E.

ENREDOS DE CLIO: PENSAR E ESCREVER A HISTÓRIA COM PAUL VEYNE   75

H. Carr: "Os historiadores usam constantemente generalizações; se não é evidente que Ricardo ordenou o massacre dos pequenos príncipes na Torre de Londres, os historiadores se perguntam, talvez mais inconscientemente que conscientemente, se era costume dos monarcas dessa época liquidar seus rivais eventuais pela posse da coroa; a conclusão será, com justiça, influenciada por esta generalização" (Carr, 1961, p.80-1).

A síntese resultante de qualquer explicação causal nada mais é do que a transformação da realidade dada, isto é, do estado lacunar e indireto da documentação mediante a imputação de causas concretas a situações concretas. Ora, isso significa que um novo conhecimento da realidade depende do estágio alcançado pelo estudo de determinado objeto e da curiosidade do historiador, que levará mais ou menos longe a descrição das cadeias causais. E tal síntese, por sua própria natureza, é instável e frágil, uma vez que "o fluxo eternamente em movimento da civilização fornece sem cessar novos problemas" (Weber, 1965, p.202), fazendo com que o que antes fora estabelecido tenha seu alcance relativizado pelo avanço do conhecimento das regras de experiência.

Portanto, é importante saber de que maneira é aplicado esse conhecimento acumulado, isto é, o "saber nomológico" que informa as hipóteses causais. Segundo Weber, o âmago da questão refere-se à relação de valor que se estabelece entre historiador e fatos do passado. Essa relação fornece o sentido de uma "totalidade histórica" de acordo com a situação dada (ibidem, p.158-9). A totalidade, concebida pelo pensamento, participa de um dispositivo interface. De um lado, como já se observou, ela fornece as hipóteses causais que serão avaliadas como "causalidade adequada" ou "causalidade acidental". De outro, a totalidade ativa o corpo de conhecimentos que se aplicam especificamente a seus elementos, isto é, o "saber nomológico", como veremos em detalhes na seqüência de nossa exposição (Capítulo 4).

"Causalidade serial"

É preciso averiguar se a atribuição de causas pode fugir ao procedimento weberiano da relação de valor que se estabelece entre o historiador e os acontecimentos do passado. Sendo possível mais este passo, talvez se torne factível, enfim, uma noção de causalidade histórica própria ao registro narrativo. Porém, para que assim seja, indagamos: qual a base de determinação da causalidade histórica que não antecederia à própria narrativa?

Paul Veyne, de fato, procura esquivar-se do controle das hipóteses causais via relações de valor. O fundamento da explicação histórica deve-se a que entre as séries-intriga pode-se encontrar a causalidade serial. Os acontecimentos históricos são a pura diferença; no entanto as situações em que se produziram podem apresentar entre si alguma constância e, portanto, permitir a seriação temática desses acontecimentos.

A causalidade serial encontra-se no registro narrativo por diversos motivos. Em primeiro lugar, as séries temáticas não servem à hierarquização de causas, pois acata-se que os critérios de atribuição causal referem-se à relatividade nominal, de acordo com o recorte feito no campo dos acontecimentos, e não segundo a totalidade histórica. Em segundo lugar, as séries não são elaboradas com base no vínculo entre a totalidade/sentido e as regularidades apontadas pelo saber nomológico, mas sim com base na necessidade de relações inteligíveis – entre o acontecimento e a série, entre o singular e o específico – que elas permitem entrever. As séries têm apenas uma acepção filológica ou retórica, isto é, a reunião de exemplares por afinidade temática; e, segundo alguns autores, são instrumentos utilizados pela crítica histórica desde o Renascimento (Robert, 1967, p.473-5; Lefebvre, 1971, p.42-6, 57-9). Sem dúvida, mais recentemente utilizou-se essa técnica antiga revestindo-a de inovação epistemológica e sofisticação informática (Furet, 1971, p.63-75).

De acordo com Veyne, ainda, a causalidade histórica serial deve ser buscada em uma síntese do real sem que seja necessário abstrair dele um elemento que, na reconstrução feita pelo conhecimento, se afastaria tornando-se determinante e, portanto, não explicável pelas mesmas razões pelas quais se explicaram os demais elementos. Tal equívoco acontece quando elegemos algum tipo de causa (matéria, acaso, idéia) como explicativa do todo.

Em suma, depois que a causa ou hipótese causal tornou-se equivalente à dispersão do acontecimento, então a explicação cau-

ENREDOS DE CLIO: PENSAR E ESCREVER A HISTÓRIA COM PAUL VEYNE   77

sal histórica, independente de qualquer dispositivo cognitivo – seja a contextualização histórica que visa controlar o fator subjetivo, seja a relação a valores que funda a imputação causal –, torna-se função da tarefa narrativa. Para o conhecimento histórico, importa narrar um acontecimento ou acontecimentos que sejam tomados como o resumo de uma intriga, de modo que se estabeleça uma causalidade serial, visível na superfície, por oposição a uma causalidade que fundamentaria a ordem dos acontecimentos.

TAREFA NARRATIVA VI:
TAREFA NARRATIVA E TAREFA TEÓRICA

Tarefa narrativa em relação à causalidade: método e explicação estão no mesmo plano

Podemos dizer que a determinação da causalidade histórica, desde a descrição das causas, do levantamento de hipóteses causais na crítica documental, até a apresentação da explicação causal, está relacionada a um determinado procedimento metodológico. Observou-se, no entanto, que, em certos casos, o que pode ser denominado "método histórico" estaria associado à crítica ideológica ou à relação a valores. Nesses casos, o procedimento metodológico atuaria, principalmente, sobre o lançamento de hipóteses e na crítica documental, de modo que a explicação causal seria apenas a apresentação dos resultados do método aplicado. No entanto, para Veyne, como se pôde observar, a determinação de uma causalidade serial não apresenta esse tipo de clivagem metodológica. Pelo contrário, a explicação causal não é uma mera apresentação dos resultados da etapa metodológica, pois tanto a descrição de causas quanto o levantamento de hipóteses e a crítica documental, isto é, o conjunto da explicação causal em história, respondem, no mesmo patamar, ao registro narrativo da causalidade histórica. Assim, pode-se perguntar com justeza: o que é para Veyne o método histórico?

Não é verdade que ao realizar espontaneamente os passos lógicos reunidos no procedimento da retrodicção, o historiador fique perdido entre as inumeráveis hipóteses que pode lançar para iniciar a investigação. Foi observado que ele sempre é guiado, e limitado, pela experiência adquirida em seu ofício no estudo dos acontecimentos: "É esta experiência", diz Veyne, "que tomamos pelo famoso 'método' da história" (1971, p.189). Se essa experiência não levasse a certa generalização não seria possível, por exemplo, confiar em Tucídides quando afirma que o seu estudo sobre a Guerra do Peloponeso fornece lições válidas para sempre (Tucídides, 1904, p.12-3 – I, 22). Certamente, não estamos em melhor situação que Tucídides para conhecer a Guerra do Peloponeso. Na verdade, ele foi sua testemunha e dispunha de fontes a que não tivemos acesso. Porém, mesmo que hoje disponhamos de dados inteiramente fragmentados e vagos no que se refere à história da Antigüidade, estamos em melhores condições para inserir esses mesmos dados em séries temáticas impensáveis para um historiador contemporâneo aos acontecimentos. Disso resulta uma nova dimensão, mais abrangente, a respeito dos mesmos eventos. Expediente que se torna tão mais evidente quanto mais escassas são as fontes documentais disponíveis, a exemplo do testemunho de Momigliano a respeito da História Antiga (Momigliano, 1987, p.16-8, 20-3).

O que conduz o método do historiador para a compreensão do passado é o mesmo senso de regularidade que orienta o homem comum para conhecer o mundo a seu redor ou um povo estrangeiro. Ambos não vêem a história movida por causas profundas ou leis. No mundo sublunar, onde eles vivem, pode-se observar que as coisas e os seres simplesmente aparecem e desaparecem e que a realidade se movimenta pela concorrência da natureza das coisas, da liberdade humana e do acaso. E esses três elementos somente podem ser considerados causas enquanto são, eles próprios, acontecimentos. O historiador "se contenta com os olhos que recebeu para ver" (Veyne, 1971, p.133).

Além disso, a reconstrução que ele faz do passado utiliza procedimentos lógicos que não diferem basicamente daqueles utilizados por qualquer ciência, ou seja, a formulação de hipóteses. O pomo de discórdia sobre a cientificidade da história não é, portanto, a explicação hipotético-causal, embora esta possua uma peculia-

ENREDOS DE CLIO: PENSAR E ESCREVER A HISTÓRIA COM PAUL VEYNE

ridade própria, mas o empreendimento teórico a partir do qual se extraem as hipóteses. Para Hempel, por exemplo, as hipóteses podem ser controladas por meio do estabelecimento de leis lógicas (*covering laws*) relacionadas à explicação histórica, pois o modelo probabilístico e dedutivo da explicação nomológica, tipo de *covering laws*, "é de forma estritamente universal, isto é, esquematicamente falando, são proposições adequadas para todos os casos em que sendo satisfeito um certo complexo F de condições, acontecerá um estado ou evento de tipo G", mesmo que sejam eventos históricos cuja explicação deve levar em conta a deliberação racional (Hempel, 1963, p.144, 154-9).

Porém, mesmo que não se fale, por enquanto, de um registro científico para a história, é ainda difícil vê-la aproximar-se da metodologia supostamente mais rigorosa, por exemplo, da economia política e da sociologia. Na verdade, a contribuição dessas áreas do conhecimento fornece apenas uma orientação heurística para o trabalho do historiador. O conhecimento sistematizado por outras áreas serve para o historiador explicar melhor o seu objeto e não para constituir uma metodologia que teria a chave de toda a explicação causal. Podemos constatar, por exemplo, que as causas de ordem econômica têm importância fundamental na história; tal evidência não poderia eliminar o esforço de compreender acontecimentos que têm sempre causas singulares devidas a situações particulares.

"A explicação histórica consiste, assim", de acordo com Veyne, "em encontrar na história um modo de explicação que sempre soubemos" (1971, p.134), ou seja, o método e a explicação estão no mesmo plano. Se é assim, se as operações lógicas através das quais o historiador torna a história compreensível são procedimentos comuns, então não seria possível fazer avançar o conhecimento histórico. A análise do procedimento lógico da explicação histórica, portanto, serviria tão-somente para tornar o historiador consciente da estrutura do seu pensamento e para controlar o rigor desse método inato. Ao conhecimento histórico estaria vedada a elaboração teórica além da mera explicitação das evidências. Com isso, o historiador de ofício poderia dispensar, com justiça, a cooperação de filósofos e teóricos da história, uma vez que estes se limitariam a demonstrar-lhe o que ele realiza automática e espontaneamente, sem muitos problemas.

Contudo, observou-se que ao método narrativo agrega-se todo um trabalho de abstração cujo ponto de partida é o conhecimento histórico acumulado que faz parte da experiência do historiador em seu ofício. A esse esforço de abstração corresponde a tentativa de constituição de séries que forneçam ao acontecimento algum nível de inteligibilidade. Trata-se, portanto, de uma operação que, embora relacionada em primeira instância com o espontaneísmo do método, oferece a oportunidade de aprofundamento e a autonomização do esforço teórico.

Resumo: insuficiência da tarefa narrativa (intriga e causalidade serial)

Neste capítulo, continuou-se a apresentação dos principais passos da chamada tarefa narrativa do conhecimento histórico. No conjunto, podem ser observados dois movimentos que tendem a tangenciar-se. Em primeiro lugar, a noção de intriga desempenha papel fundamental, pois, definidora do acontecimento como objeto histórico, desta feita passa a associar-se à problemática da reconstituição-explicação dos eventos históricos. Assim, iniciou-se a reconstruir, em um novo patamar, a objetividade do conhecimento histórico. Em segundo lugar, completou-se o efeito demolidor da tarefa narrativa. Desta vez, foram postas em xeque as noções de causalidade histórica definidas pelo sentido essência da história ou pela relação a valores.

O encontro desses dois movimentos resultou na tentativa de definição de uma causalidade serial, entendida meramente como resumo de uma intriga.

Para tanto, fez-se necessário estabelecer as condições de inteligibilidade do acontecimento. O específico torna apreensível a individualidade, pois resulta da diferença temporal que marca todo acontecimento. O específico, então, é a unidade possível na reconstituição do acontecimento ou dos acontecimentos dispersos por entre as séries.

Sendo assim, a explicação causal histórica pelo encadeamento dos eventos nada mais é do que a elaboração de uma intriga, ou seja, uma descrição na qual a causa é um dos aspectos do acontecimento considerado. Com isso, o que pode ser denominado causa é tão-somente aquele aspecto que melhor resume ou exprime a fisionomia de uma intriga. Eis a causalidade serial, superficial, por oposição à causalidade produtiva.

O principal ganho da noção de causalidade serial é que ela permite, devido a seu caráter narrativo, que a explicação histórica adquira uma feição literária por meio das operações de síntese e retrodicção que visam à restituição da contingência. Novamente, portanto, a tarefa narrativa alia-se à liberdade do historiador. Mas não se trata de confundir essa liberdade com um retorno ao subjetivismo do historiador. Essa liberdade não é a do narcisismo, mas a do esforço por dispersar-se inteligentemente, acolhendo a multiplicidade de hipóteses causais que o historiador pode encontrar na reconstituição histórica.

Contudo, é justamente na reafirmação da liberdade do historiador que a tarefa narrativa deixa à mostra os seus limites. A determinação de hipóteses causais-seriais, bem como a nomeação de séries em que se pode elaborar uma intriga, apresenta a sugestão da concepção e construção de uma estratégia de articulação da causalidade, esquiva à totalidade histórica. Tal sugestão implica um tipo de elaboração conceitual que esteja de acordo com a dispersão serial do acontecimento e um tipo de generalização histórica baseada na causalidade serial, de maneira que ambos os procedimentos se integrem à narrativa histórica. Esses requisitos impõem que uma tarefa teórica venha ao encontro da tarefa narrativa.

Por fim, recolhamos os conceitos a partir dos quais se estrutura a tarefa narrativa, pois, na seqüência de nossa exposição, eles serão repassados da perspectiva da tarefa teórica:

- Tarefa narrativa I: acontecimento; diferença temporal; séries;
- Tarefa narrativa II: totalidade histórica; sublunar/séries-intriga;
- Tarefa narrativa III: específico;

- Tarefa narrativa IV: causa no acontecimento; narrativa/critério de "boa-forma";
- Tarefa narrativa V: causalidade serial/retrodicção;
- Tarefa narrativa VI: método.

3 TAREFA TEÓRICA:
POSIÇÕES COGNITIVAS E TEORIAS HISTÓRICAS

"As idéias tornam-se verdadeiras na medida em que nos ajudam a manter relações satisfatórias com outras partes de nossa experiência, para sumariá-las e destacá-las por meio de instantâneos conceituais, ao invés de seguir a sucessão interminável de um fenômeno particular ... As teorias, assim, tornam-se instrumentos, e não respostas aos enigmas, em relação aos quais poderíamos ficar descansados... O pragmatismo relaxa todas as nossas teorias, flexiona-as e põe-nas a trabalhar."
(James, *Pragmatismo*, 1989, p.18 e 22)

"Elaborar um fato é construir. Se se quiser, é fornecer uma resposta a uma pergunta. E se não há pergunta, só há o nada."
(Febvre, *Combats pour l'histoire*, 1965, p.5).

ESTRUTURA DA TAREFA TEÓRICA

O trabalho do historiador não se restringe aos pontos de reflexão da tarefa narrativa. As questões de reconstrução causal e da descrição de acontecimentos são envolvidas por um trabalho teórico mais complexo. O historiador, na perspectiva de P. Veyne, deve examinar as teorias disponíveis e verificar, mediante a experiência, conceitos produzidos em vários domínios do saber, inclusive na filosofia. O que ele deve procurar nesse esforço teórico é o acréscimo de inteligibilidade do acontecimento que a tarefa narrativa começara privilegiando.

A tarefa teórica, devido a essas considerações iniciais, tem de se haver com o problema de examinar teorias históricas a partir das quais se privilegiam determinados objetos ou determinadas causas em detrimento de outras. A fim de contemplar tal questão, a tarefa teórica deve-se desdobrar em duas questões correlatas. Em primeiro lugar, deve-se deter-se sobre a relação entre teorias e conceitos históricos, a fim de observar como eles poderiam dar conta de objetos históricos como os acontecimentos. Em segundo lugar, procura-se averiguar a relação entre conceitos históricos e generalização da base empírica, de modo a observar como eles poderiam dar conta de uma causalidade construída com base no acontecimento.

De acordo com esse objetivo geral, serão definidos os componentes da tarefa teórica por contraste com procedimentos teóricos adotados em outros pontos de vista acerca do conhecimento histórico. Na verdade, esses outros procedimentos teóricos serão "desarmados" e "cooptados" pragmaticamente, em vista do cumprimento de uma tarefa teórica consonante com os elementos de reflexão já definidos para a tarefa narrativa.

De acordo com essa meta, passamos a analisar os componentes da tarefa teórica, segundo P. Veyne, a partir do seguinte campo de tópicos:

- Tarefa teórica I: posições cognitivas e "especificidade" do acontecimento;
- Tarefa teórica II: teorias históricas equivalentes a "teorias-intriga";

ENREDOS DE CLIO: PENSAR E ESCREVER A HISTÓRIA COM PAUL VEYNE

- Tarefa teórica III: conceitos no "entrecruzamento de itinerários possíveis";
- Tarefa teórica IV: problemas da tarefa teórica em relação à utilização de conceitos na narrativa histórica;
- Tarefa teórica V: generalização da base empírica e "globalidade causal";
- Tarefa teórica VI: função do conceito definida de acordo com a modalidade de generalização da base empírica.

TAREFA TEÓRICA I: POSIÇÕES COGNITIVAS E "ESPECIFICIDADE" DO ACONTECIMENTO

Alcance da tarefa teórica quanto às posições cognitivas

Posições cognitivas paradigmáticas:
a) interseção sujeito-objeto

Para termos uma idéia da complexidade da tarefa teórica do historiador, observemos, de início, duas maneiras de orientar o conhecimento histórico. Partamos da situação básica de todo conhecimento: um sujeito de conhecimento posta-se diante de um objeto a ser conhecido. Para o conhecimento histórico, quais relações cognitivas podem ser estabelecidas nesse ponto de partida?

Em primeiro lugar, se o conhecimento histórico está relacionado ao "vivido humano", então a curiosidade que move o historiador deve-se a uma afinidade, isto é, seu objeto pertence à mesma realidade que ele próprio. Nesse caso, o conhecimento histórico constrói-se a partir de características da realidade e das relações do historiador com ela. Os conceitos históricos, então, são construídos com base em uma "esfera compreensiva" na qual sujeito e objeto do conhecimento são como que homogêneos, conforme afirma Aron (1971, p. 1346-7). A alternativa entre o real e a teoria, entre o vivido e o formal, resolve-se pela caracterização da "experiência vivida" como um todo que mescla características do sujeito e do objeto. Tal coexistência daria oportunidade ao conhecimento de construir "sistemas parciais" e "regularidades" internas ao vivido, sejam eles mais ou menos genéricos. O sujeito do conhecimento reconhece em seu objeto as relações mais ou menos regulares que se estabelecem entre os atores; quer dizer, relações que "asseguram a permanência de uma ordem social" (ibidem, p.1348-9). Com isso, o historiador disporia em sua investigação de um critério capaz de definir conceitos gerais que agrupariam os eventos singulares em categorias que reúnem suas características em comum. O conceito, portanto, opera em um sentido clássico, ou seja, identifica na diversidade empírica traços genéricos, conforme observaremos detalhadamente no Capítulo 4.

Em segundo lugar, tem-se a posição de acordo com a qual não se pode lançar mão de articulações internas que indiquem o fator de coesão de uma sociedade ou civilização. E deve ser assim para que o historiador possa escolher e construir livremente seus objetos sem nenhuma restrição, isto é, de acordo com seus próprios valores e curiosidade. Se não há nenhum parâmetro de ordem geral para avaliar a verdade da explicação histórica, então é necessário que a investigação causal diferencie as relações compreensivas, que são individualmente válidas, das relações causalmente adequadas. Deve haver pelo menos uma causa entre as possíveis sem a qual o curso dos eventos teria sido outro, como assinala Aron (ibidem, p.1331-2) ao resumir a posição de Weber quanto a essa questão. Concebida dessa maneira, tal solução recairia no simples realismo que se resume à observação empírica da sucessão entre eventos, caso não se recorresse, como Weber, à "significação cultural". A relação causal está englobada pela significação que varia com a transformação histórica. Com isso, o real não pode jamais ser apreendido por meio de conceitos gerais sem que estes agreguem um mecanismo autoformativo que leve em conta "os aspectos sempre novos da significação das relações" (Weber, 1965, p. 191). Nesse caso, então, os conceitos são vistos apenas como meios de controlar os dados empíricos, uma vez que estes últimos estão em constante processo de revaloração e, por esse motivo, estão impossibilitados de servirem à construção de um quadro conceitual estável, conforme veremos com vagar no Capítulo 4.

Em suma, ambos os procedimentos descritos acima têm em comum o fato de que pressupõem a interseção entre sujeito e obje-

ENREDOS DE CLIO: PENSAR E ESCREVER A HISTÓRIA COM PAUL VEYNE   87

to no ato do conhecimento histórico. No entanto, eles diferem quanto à aplicação dessa interseção. No caso de Aron, a interseção dá-se na própria realidade, enquanto em Weber a interseção define-se na relação da subjetividade do historiador com a situação histórica.

Posições cognitivas paradigmáticas:
b) polarização sujeito-objeto

Contudo, será que o historiador poderia abordar seu objeto sem ter de pressupor a referida interseção entre sujeito e objeto como ponto de partida de todo o conhecimento histórico?

Ora, para que isso seja possível, o conhecimento histórico deve ser estendido a tudo que se apresente como acontecimento marcado pela diferença. Nesse caso, o conhecimento histórico abrange até mesmo eventos naturais, de modo que se torna improcedente todo critério de interseção entre sujeito e objeto. O historiador procura reunir a existência específica dos acontecimentos, encontrando em sua dispersão no campo acontecimental a especificidade de determinados feixes de séries.

Quanto ao ponto de vista das relações cognitivas, essa posição apresenta a seguinte problemática: já que o objeto da história ocupa um domínio mais amplo que a experiência humana, não é possível o apelo à interseção sujeito-objeto. Sendo assim, sujeito e objeto ficam confinados a registros diversos, de modo que o historiador fica incapacitado de dispor de "sistemas parciais" ou de chamar a si a "significação cultural", como veremos detidamente no Capítulo 4.

O historiador, agora, encontra-se inteiramente à vontade para escolher e construir os acontecimentos que pretende investigar, respondendo somente ao prazer intelectual de seu trabalho. Porém, o recurso à liberdade do historiador poderia levar a um subjetivismo extremo se não fosse necessário obedecer a determinadas restrições, pois "a escolha de um assunto de história é livre, mas no interior do assunto escolhido, os fatos e suas ligações são o que são e nada poderia modificá-los" (Veyne, 1971, p.46). Eis, lado a lado, um subjetivismo radical e um realismo não menos enfático. Ao que parece, estabelece-se uma oposição irredutível entre a liberdade de escolha e os constrangimentos impostos cognitivamente, pois como conciliar a construção do objeto com a idéia de que existem ligações entre os fatos?

Porém, se para o bem da objetividade, deseja-se falar em ligações entre os fatos, não se pode recuar permitindo que essas ligações sejam definidas como portadoras de unidade natural, seja considerando o sentido imanente à história, seja definindo regularidades históricas a partir do amálgama entre categorias do pensamento e a realidade. A objetividade dessas ligações depende do recorte livre que o historiador opera na realidade "onde agem e sofrem substâncias em interação, homens e coisas" (ibidem, p.51-2).

A objetividade do conhecimento histórico em relação à posição cognitiva do historiador perante seu objeto, portanto, é obtida mediante a especificidade que abrange vários acontecimentos dispersos. O historiador observa o entrecruzamento de séries, que, constituindo acontecimentos específicos, possuem uma mesma fisionomia em relação a outros entrecruzamentos que se encontram em suas adjacências. A especificidade, dessa maneira, fica definida pela descrição dos acontecimentos cujo caráter específico pode ser reunido por uma teoria ou conceito histórico.

Em resumo, a diferença fundamental entre a posição cognitiva (b) e a apresentada anteriormente (a) é que, nesta, o impasse sobre a base cognitiva a partir da qual se erige o conhecimento histórico é resolvido internamente, tornando o campo da história co-extensivo ao campo da subjetividade do historiador. Na posição (b), recorre-se à derivação especulativa para resolver a mesma questão, ou seja, é necessário pensar-se filosoficamente um mundo histórico, onde se encontram acontecimentos irredutíveis em sua singularidade.

A fim de aprofundar essa problemática, vejamos quais as conseqüências da definição da posição cognitiva em relação à especificidade do acontecimento, a fim de que, em primeiro lugar, a tarefa teórica possa incorporar a noção de teoria histórica. Com efeito, sempre que se lança mão de uma teoria histórica, pressupõe-se que ela vislumbre a questão da posição cognitiva do historiador em relação a seu objeto.

TAREFA TEÓRICA II: TEORIAS HISTÓRICAS EQUIVALENTES A "TEORIAS-INTRIGA"

Relação real-formal

A abstração histórica não se destaca do real

Que operações deve realizar o historiador a fim de que possa elaborar uma teoria sobre determinado objeto? Ora, para responder apropriadamente a essa questão é necessário observar, em primeiro lugar, que tipos de formalização o historiador pode elaborar a partir da pesquisa empírica. Quanto a esse aspecto da tarefa teórica, igualmente, constatar-se-á que a posição de P. Veyne diferencia-se de outras posições.

Segundo Weber, é difícil conceber um acordo possível do método teórico e abstrato com a pesquisa empírica do historiador. Em princípio poderíamos pensar na possibilidade metodológica de uma analogia com as ciências da natureza. Os problemas suscitados pelo conhecimento da realidade histórica seriam superados pela formulação de leis ou, inversamente, tais leis seriam enunciadas por meio da justaposição de observações históricas (Weber, 1965, p.175-6).

No entanto, tal solução fica impedida por uma questão que a antecede. Somos nós mesmos, desejosos de compreender a realidade histórica, que fazemos diretamente a experiência dos eventos do mundo histórico. Assim, supondo a interseção entre sujeito e objeto do conhecimento, os procedimentos dedutivo e indutivo típicos das ciências da natureza teriam de se haver com um pressuposto: ou somos capazes de conhecer categorialmente a partir da observação empírica o sentido-lei que preside a história ou existe um motivo psicológico de base que permite apreender intuitivamente a lei nos acontecimentos imediatamente observáveis. Em ambos os casos, portanto, a analogia com as ciências da natureza estaria comprometida em virtude da intervenção do fator subjetivo na formalização da realidade histórica, mesmo que o resultado fosse semelhante.

O trabalho de abstração, entretanto, pode utilizar em seu favor a interseção sujeito-objeto sem que seja necessário tomar como modelo as ciências da natureza. As situações históricas, por mais particulares que sejam, têm para o historiador uma "significação cultural" definida. A partir dela, torna-se possível a construção de uma teoria e de conceitos históricos. Porém, as teorias e os conceitos assim construídos não podem ser deduzidos em seus elementos, eles são "um quadro de pensamento, que não é a realidade histórica" (ibidem, p.185). Servem para serem comparados à realidade, de modo que se possa observar nesta o conteúdo empírico de determinados dados. O trabalho de abstração em Veyne, por sua vez, e contrariamente à situação anterior, pretende-se livre de todo e qualquer apelo à esfera compreensiva. Ao mesmo tempo, o trabalho conceitual e teórico não é visto como um intermediário entre o real e o formal. Veyne pretende que as teorias históricas não se destaquem do real; como observa Lebrun (1971, p.655), não há necessidade de que sejam genéricas a ponto de se evadirem do mundo sublunar.

Formalizar intrigas

O que significa, nessa perspectiva, a inexistência de intermediação entre o real e o formal? A tarefa narrativa definiu que o historiador pode traçar intrigas livremente no campo acontecimental. Porém, que tipo de formalização poderiam receber esses elementos cuja expressão é apenas narrativa?

Todas as intrigas que o historiador percorre a partir de um determinado acontecimento são válidas, posto que não são versões concorrentes mas aspectos diversos configurados no campo acontecimental. Naturalmente, tais versões são restringidas pelo limite material, isto é, pelo estado da documentação (Veyne, 1971, p.191). Entretanto, a questão toma outro aspecto se se pensar no sentido de cada uma dessas intrigas. Deve haver um sentido prévio a ser determinado, a não ser que o historiador se renda a um relativismo absoluto, elevando a um estatuto régio a sua liberdade.

Ora, o limite da objetividade histórica se estabelece entre o historiador e a realidade por ele observada. A experiência histórica fornece para o historiador um conhecimento familiar das generalidades da história. Mas a variedade das experiências não é capaz de elevar a realidade a um nível de generalidade tal que defina um plano formal, de modo que a história se tornasse comparável

ENREDOS DE CLIO: PENSAR E ESCREVER A HISTÓRIA COM PAUL VEYNE

às demais ciências e, particularmente, às ciências sociais (Granger, 1967, p.65-6, 167-8, 206-8). As intrigas são sublunares, de modo que o trabalho de abstração do historiador não pode perder de vista o mundo sublunar, pois a "história não é objetiva da mesma forma que a ciência, sua objetividade é da mesma ordem que a do mundo que nossos olhos vêem" (Veyne, 1971, p.191).

"O mundo que nossos olhos vêem": expressão enigmática de sabor aristotélico. Tal expressão possui, contudo, a clara indicação de que a história dedica-se à "complicação do mundo" e que daí seu estatuto define-se como sendo um "saber", uma disciplina histórico-filológica que não se confunde nem aspira a tornar-se uma das ciências, como diz Foucault e reafirma Lebrun (1971, p.662-3). Tal indicação, por sua vez, aponta o escopo do trabalho em história: a elaboração de conceitos e de teorias que apresentam o acontecimento ao nível da particularidade histórica, de forma que a abstração não chegue a estilizar ou idealizar uma intriga sublunar, como veremos na seqüência de nossa exposição (Capítulo 4).

Teorias históricas e intriga: imagem do real

Teorias históricas: aproximar séries

Uma vez que a teoria histórica não pode destacar-se do real, devendo equivaler às intrigas, torna-se necessário observar essa questão, precisando esse componente da tarefa teórica. Como uma teoria deve lidar com as séries entre as quais o historiador narra uma intriga? Vejamos, em primeiro lugar, se é possível estabelecer uma noção de teoria histórica que permita associá-la à dispersão do entrecruzamento das séries no campo acontecimental.

O que podemos denominar "teoria" em história surge, em princípio, como algo bastante banal e insuficiente se é tomada como parâmetro a função que as teorias têm nos demais domínios do conhecimento. A teoria neste último sentido, como aparece aos leigos e mesmo aos cientistas preocupados com a pesquisa aplicada, parece destacada da base empírica a partir da qual fora sistematizada. Tanto é assim que a sua função precípua torna-se a eficácia com que ela comprova sua própria generalidade ao deparar-se com fenômenos ou experimentos que supostamente se situam dentro de seu campo de abrangência e que, portanto, são passíveis de serem explicados por ela. Certamente por essa razão é que o principal papel de uma teoria seria dar-se à refutação, dando oportunidade a que seja formulada outra capaz de alcançar um grau maior de competência explicativa, de acordo com a noção de "falsicabilidade" desenvolvida por Popper (1965, p.84-6, 106-11).

Uma teoria histórica, no entanto, não é a sistematização ou formalização da base empírica à qual se refere, mas uma imagem dela. Como um espelho convexo, ela reproduz uma imagem virtual reduzida daquilo que aparece em tamanho natural na imagem real. Como em um problema de ótica, a sua função é antes a de ajustar o ponto focal para que a imagem – a sua generalidade – não saia deformada do que ampliá-la até um nível em que o olho humano somente capte cenários confusos, sem que se possa saber se os reflexos são fiéis ou meras ilusões de ótica. E, para levar a analogia ao limite, diga-se que o principal problema do esforço teórico em história é desejar expandir de tal forma sua tarefa teórica até torná-la uma verdadeira sala de espelhos.

A teorização em história, como redução do real, é a fórmula encontrada para conservar ao máximo a variedade das séries que o historiador está disposto a trilhar no campo acontecimental. As intrigas não podem ser substituídas por uma teoria; quando muito, podem ser tipos que, reunidos, cumprem um papel teórico. As teorias históricas como o conflito cidade-campo, o despotismo esclarecido e o papel dos militares na América Latina são bastante genéricas, como deve ser uma teoria. Porém, apesar de sua abrangência, seu poder explicativo é exíguo, uma vez que este somente pode ser comprovado se a teoria é a cada vez acompanhada pelo episódio que a encarna. De fato, a teoria histórica não alcança a generalidade explicativa, mas opera como um fator comparativo que aproxima as séries e, portanto, compõe uma intriga, pelo poder de síntese empírica.

"Teoria-intriga": retorno à tarefa narrativa que redunda em um desafio ao conceito

De acordo com essa caracterização, vejamos como se comporta a teoria histórica associada à intriga diante do mecanismo de fal-

ENREDOS DE CLIO: PENSAR E ESCREVER A HISTÓRIA COM PAUL VEYNE

sicabilidade. Pois, sendo ela falsificável, comportar-se-ia como a teoria em outros ramos do saber; caso contrário, estamos diante de um tipo de teoria que se estabelece sobre uma base diversa daquela suposta no procedimento contrafactual do mecanismo de falsicabilidade.

O historiador procura testar uma teoria histórica aproximando dela uma hipótese contrafactual ou, segundo o procedimento weberiano, criando um quadro imaginário em que põe à prova várias hipóteses subjetivas e as compara ao resultado dos acontecimentos, chegando a um evento-causa que teria desencadeado determinada situação histórica. No primeiro caso, a teoria fica obsoleta por não incluir ou por não ser capaz de explicar um curso hipotético dos eventos que deveria estar sob sua direção. No segundo caso, a teoria torna-se ineficaz, pois a hipótese lançada extrapola o quadro hipotético que a relação entre o historiador e a situação histórica estudada estabelecera anteriormente.

Em ambos os procedimentos, a falsicabilidade encontra um antídoto para suas pretensões. A teoria, que supostamente ficaria refutada, amplia-se englobando entre as séries que a formam o episódio que contestara sua realidade, desde que isso seja permitido pelo seu grau relativamente curto de generalização; ou, ao contrário, a teoria biparte-se, reduzindo a sua pretensão explicativa e, conseqüentemente, concentrando o número de séries das quais ela é a imagem. Esta última situação é a mais típica, posto que, sendo a teoria histórica uma miniaturização do real, o feixe de séries que ela pode abarcar é naturalmente limitado. Em contrapartida, a fragmentação de uma teoria histórica é um processo que se caracteriza pela ramificação de um feixe de séries em um espaço cada vez menor. Na realidade, uma teoria poderia se fragmentar até identificar-se com o próprio acontecimento, isto é, até tocar no limite do próprio conhecimento histórico: a descrição de acontecimentos, que nada mais são que o cruzamento de um número indeterminado de séries; obsessão que se constitui numa ironia para a ciência, de acordo com Borges (1974, passim), mas que é, de fato, a realização da história.

Não obstante, a teoria histórica não deve definir-se apenas negativamente, isto é, por um argumento cético que a torna como que

94 HÉLIO REBELLO CARDOSO JR.

geneticamente imune a expedientes que estariam em condições de fornecer-lhe um certo estatuto científico. Ela precisa desvendar uma face que se acrescente à explicação histórica. E talvez o primeiro passo nesse sentido seja dar-se conta de suas possibilidades.

Como vimos, uma teoria histórica é uma imagem; nada mais é, diz Veyne, que "um resumo pré-fabricado de uma ou várias intrigas" (1971, p.147). Essa contigüidade entre teoria e intriga não pode permitir que o historiador seja capturado pela armadilha da abstração. Se a teoria formulada assume certa definição ou um aspecto geral, isso não significa que ela dispense o definido, isto é, a intriga. A explicação que uma teoria fornece não pode substituir a intriga; o resumo abstrato, na narrativa histórica, precisa ser reconvertido em intriga concreta. De acordo com Veyne, "esquece-se que a cidade, o campo ... não são substâncias, que só existem cidadãos, camponeses" (ibidem).

Sendo assim, a questão da teoria em história reduz-se à problemática de seu confronto com a base empírica, na medida em que a explicação histórica não pode abstraí-la, nem a título de maximizar a eficiência e a coerência teóricas. Trata-se meramente de capturar o acontecimento, de torná-lo inteligível. Ora, então, a formulação de uma teoria histórica desemboca ou, na verdade, equivale à elaboração de conceitos históricos. Trocando em miúdos, segundo Veyne, as teorias históricas identificam-se a técnicas ou estratégias conceituais (ibidem, p.146).

TAREFA TEÓRICA III: CONCEITOS NO "ENTRECRUZAMENTO DE ITINERÁRIOS POSSÍVEIS"

Conceito histórico e infinitude do campo acontecimental

O caráter problemático da constituição de conceitos históricos

A teorização em história tem de lidar com a questão da formalização de intrigas, as quais, por sua vez, redundam na apreensão do próprio acontecimento. Por seu turno, a problemática da conceituação em história deve encarar, logo de saída, a questão de seu relacionamento com o objeto histórico, definido como o acontecimento.

ENREDOS DE CLIO: PENSAR E ESCREVER A HISTÓRIA COM PAUL VEYNE   95

Nesse confronto, será possível assinalar o que está em jogo na caracterização do conceito histórico como componente da tarefa teórica. A história é escrita por meio de conceitos. Porém, o que em geral se toma por "conceitos históricos" são idéias muito gerais destinadas a apreender e revelar a singularidade dos acontecimentos. Ora tais conceitos são expressos por palavras que possuem um sentido coloquial, como "guerra" ou "revolução"; ora são expressos por meio de termos cunhados especialmente, como "jornada revolucionária" ou "guerra fria". Em ambos os casos, a função é idêntica, o que se altera é apenas a dimensão de sua operação diante da realidade empírica.

Um conceito como "guerra" é elaborado por razões muito simples. Os homens, incluindo os historiadores, percebem que as guerras são tão variadas quanto são os registros de sua ocorrência. Todas as guerras, por um motivo ou outro, podem ser diferenciadas entre si. Mas essas diferenças precisam ser pesquisadas e postas em evidência por um procedimento que informe a elaboração de conceitos mais apegados aos acontecimentos, que derivem dessas idéias gerais. Essa operação dupla produz um conceito histórico. A palavra "guerra", pelo próprio uso que lhe foi conferido pela historiografia, possui a característica de distinguir "guerra privada, de anarquia, de guerrilha, de Guerra dos Cem Anos" (Veyne, 1971, p.157).

O conceito histórico é distinto do utilizado pelas ciências. Em determinadas ciências, conceitos como "força", "campo magnético", "elasticidade da demanda" são construídos após uma longa elaboração teórica. Os conceitos das ciências naturais, como "animal" e "vegetal", são intuitivamente apreendidos pelo senso comum, mas o cientista precisa encontrar os critérios para sua definição, de modo que ao fim da pesquisa obtenham-se conceitos distanciados da compreensão comum. Os conceitos históricos, por seu turno, pertencem totalmente ao senso comum; conceitos como "guerra" ou "revolução" possuem contornos muito pouco definidos, tanto em sua definição quanto em sua aplicação. Isso acontece porque são constituídos por uma mistura de todas as experiências que vivemos, lemos ou conhecemos a respeito da guerra ou da revolução (ibidem, p.161-2).

Veyne transfere o caráter problemático da constituição dos conceitos históricos para o plano cognitivo justamente por ser indeterminado o campo acontecimental que ele pode abranger, uma vez que, por exemplo, "sabemos muito mais sobre a revolução que toda definição possível, mas nós não sabemos o que sabemos e isso nos faz ter surpresas desagradáveis quando a palavra soa falsa ou anacrônica em certos casos" (ibidem, p.162). Portanto, a única maneira de controlar os conceitos históricos é desvendar a lógica que rege a sua elaboração sem exigir que eles se elevem acima de sua imprecisão característica.

A esse respeito escreve Hume que, quando falamos de assuntos relacionados à moral, à política e à história, não possuímos em nossa mente a cópia fiel das impressões empíricas; no entanto, falamos tão bem desses assuntos como se os compreendêssemos perfeitamente (Hume, 1963b, p.197, 217-8, 221-4). Kant também refere-se a esse tipo especial de conceitos ao afirmar que os "conceitos empíricos" são "designações" a respeito das quais é impossível ter uma definição precisa, já que eles precisam ser explicados por meio de observações que podem ser acumuladas progressivamente (Kant, 1911, 52, 57 – §2, §4).

Mesmo que se conseguisse, por definição de critérios, circunscrever a atuação do conceito histórico, haveria sempre novos dados a serem incluídos, o que, enfim, deslocaria a precisão supostamente lograda, exigindo novos critérios, ainda mais precisos. Com efeito, a precisão não faz avançar a teoria histórica; ela apenas transfere para um plano mais restrito a questão inicial, ou seja, a descrição de acontecimentos.

"Ideal-tipo" como conceito-limite

Weber, igualmente, deparou-se com o problema da apreensão do acontecimento pelo conceito, oferecendo como saída uma técnica de elaboração conceitual bastante difundida. Será útil apresentarmos genericamente tal técnica, a fim de reunirmos elementos que nos auxiliarão no esclarecimento e no aprofundamento da técnica conceitual proposta por Veyne.

De fato, segundo Weber, o conceito histórico não se define apenas por ser genérico, isto é, por reunir elementos supostamente

ENREDOS DE CLIO: PENSAR E ESCREVER A HISTÓRIA COM PAUL VEYNE   97

comuns entre vários eventos, pois mesmo que esses conceitos diminuíssem progressivamente a sua generalidade, apresentar-se-ia indefinidamente o problema de como, segundo que critérios, selecionar os elementos conceituais (Weber, 1965, p.1957). Em virtude dessa deficiência, o conceito precisa trazer, como que acoplado a si, a estrutura lógica de sua geração, a qual, enfim, o refere a um sistema de conceitos interligados. Tal mecanismo é possível por meio de um "quadro ideal" formado pelo pensamento que toma o acontecimento como "individualidade histórica", isto é, como uma "utopia", um evento que lograsse passar incólume pela realidade sem receber interferência dos condicionamentos materiais e do acaso. Como já foi visto, o quadro abstrato, construído por associações que a imaginação percebe na realidade dada, permite que testemos um determinado número de cadeias causais. Mas, do ponto de vista da conceituação, o quadro possui a função de parâmetro para avaliação das diferenças impostas pelo curso real das coisas aos acontecimentos (ibidem, p.185) (observaremos esse assunto com a atenção devida no Capítulo 4).

Dessa maneira, o conceito histórico recebe um fio condutor para captar a lógica do acontecimento concreto sem se confundir em meio à profusão empírica. Esse dispositivo, denominado "ideal-tipo" ou "conceito-limite", permite que se tracem relações compreensivas, as quais, por sua vez, pressupõem relações de valor que se estabelecem entre o historiador e o objeto escolhido (ibidem, p.177). Isso quer dizer tão-somente que cada situação estudada possui sua "condicionalidade histórica" e sua "significação cultural", das quais o conhecimento histórico não pode se desvencilhar, posto que se tornam a sua própria condição.

Conceitos e apreensão da "totalidade histórica"

Modos diversos de conceber a totalidade

O relacionamento entre conceito e acontecimento somente pode ser desenvolvido de forma adequada se aprofundarmos o estudo dos procedimentos teóricos que o presidem. O conceito, para representar satisfatoriamente um objeto histórico, precisa ter acesso à totalidade histórica na qual o objeto está implicado. Porém, como transitar do acontecimento à totalidade? Novamente, desta feita do ponto de vista do acesso à totalidade histórica por via conceitual, retornamos à problemática da posição do historiador diante do objeto.

O procedimento weberiano aponta para um foco de produção conceitual que se identificaria com uma totalidade histórica construída subjetivamente, isto é, do encontro entre sujeito e objeto por meio da significação cultural. Não obstante, enxerga o contrapeso dessa gênese subjetiva na construção de cadeias causais possíveis, que devem indicar entre as relações cognitivas (compreensivas) estabelecidas quais as adequadas ao resultado do curso dos eventos (iremos nos deter nesse procedimento teórico no Capítulo 4).

Outros procedimentos seguem de perto esses mesmos passos, embora atribuam maior peso a um ou outro dos fatores envolvidos.

Walsh, por exemplo, afirma que os "conceitos de coligação" em história são gerados a partir de uma instância interpretativa, mas as totalidades resultantes referem-se a processos e causas coletivas, o que escaparia à imagem conceitual subjetivamente construída. O fator decisivo, no entanto, é a capacidade que possuem os conceitos assim elaborados de recobrir os fatos até detalhes mínimos, pois "toda autêntica proposição contendo um conceito de coligação deve produzir uma série de proposições relevantes e conectadas, de caráter menos geral" (Walsh, 1974, p.139). Eis, então, que os resquícios de subjetividade precisam ser filtrados por uma lógica segundo a qual um conceito histórico só é válido enquanto perdurar a sua precisão proposicional, como teremos oportunidade de averiguar com o devido cuidado, assim que reunirmos os elementos suficientes para tanto (Capítulo 4).

Aron, a seu turno, argumenta que a apreensão da totalidade histórica está, sem dúvida, associada a relações de valor e sujeita a uma pluralidade de interpretações. No entanto, a compreensão conceitual não precisa ser resgatada da subjetividade pela análise causal ou pela verificação proposicional. O conceito histórico, desde sua gênese, já é um amálgama de compreensão e realidade, como veremos no Capítulo 4.

Para Veyne, curiosamente, a conceituação histórica apresenta vários pontos em comum com as posições descritas, mas rejeita-as

ENREDOS DE CLIO: PENSAR E ESCREVER A HISTÓRIA COM PAUL VEYNE   99

igualmente em alguns de seus elementos fundamentais. Senão, vejamos.

Conceito no acontecimento

Ora, em confronto com as posições anteriores, seria possível elaborar um conceito que se instalasse no próprio acontecimento? Porém, supondo que tal intento seja factível, como se resolveria o problema do acesso cognitivo à totalidade histórica? Ou, ainda, é possível sugerir a elaboração de uma estratégia conceitual que se articule no próprio acontecimento, de maneira que o foco de elaboração conceitual não mais tenha de pressupor um fator de mediação entre o objeto histórico e a totalidade?

Para Veyne, todo conceito histórico é constituído a partir de um ponto de vista subjetivo. Porém, o sujeito não precisa estar implicado em nenhum tipo de relação compreensiva que contenha a passagem para a realidade. Isso significa apenas que o foco de geração dos conceitos não pode ser uma totalidade que pressupõe a mescla de elementos ou categorias cognitivas com os próprios acontecimentos. Essa impossibilidade vale tanto para a totalidade de tipo weberiano quanto de tipo aroniano. Em contrapartida, no objeto não precisa haver nenhum grau de subjetividade.

O conceito histórico, assim, capta o acontecimento como se sua única referência, como se o critério de sua validade pertencesse à base empírica. Contudo, essa característica não significa que os conceitos precisem aparecer em proposições lógicas de modo que, formalizados, venham a receber, ou não, a chancela dos fatos que caem sob sua extensão.

Seja como for, os conceitos históricos necessitam de um centro gerativo que permita a descrição de acontecimentos, isto é, um mecanismo cujo funcionamento se aproxime do desempenhado pelo ideal-tipo (Veyne, 1971, p.157), conforme veremos no próximo capítulo. No entanto, de acordo com sua posição, Veyne rebaixa e censura o estatuto do ideal-tipo weberiano quanto às suas pretensões sintético-compreensivas, reduzindo-o a um "instrumento de interpretação, de hermenêutica" (ibidem, p.173). Basta-lhe que esse procedimento origine e classifique conceitos que encontrem a lógica dos acontecimentos, não permitindo que eles se prestem a anacronismos como, por exemplo, "capitalismo" e "burguesia", a respeito dos quais se redefine incessantemente a abrangência histórica. Além disso, evita-se que um conceito se torne uma "falsa essência" como, por exemplo, "Estado", cujos elementos formativos, uma vez definidos, servem a um tratamento histórico contínuo, estando subentendido que tal permanência deva-se a uma lógica oculta que assegura a ordem social (ibidem, p.157-8, 164).

A partir dessa situação, configuram-se ao menos duas saídas possíveis. Se é certo que Veyne pretende confiar a conceituação histórica a um expediente de ordem teórica que atue simultaneamente com os acontecimentos a serem conceituados, torna-se irrelevante para o problema que ele informe a constituição de uma totalidade da qual os conceitos seriam derivados. Ele não procura uma totalidade que, previamente elaborada, situe o acontecimento; que o situe e banhe como a um objeto concreto. Pelo contrário, essa estratégia conceitual deve situar-se a partir do acontecimento, entrecruzamento de itinerários possíveis. É uma visão que está no acontecimento e o reconhece como ponto de passagem, de modo que o trabalho conceitual resulta modificado. Não se trata apenas de explicar os acontecimentos, mas, ainda, e principalmente, de revelar o não-acontecimental que circunda cada objeto escolhido. Somente uma técnica conceitual desse tipo consegue, como lembra Lebrun, "visar o acontecimental como específico" (1971, p.659) (teremos oportunidade de observar essa questão em minúcia no Capítulo 4).

Antes mesmo, no entanto, de levarmos adiante essa problemática, é preciso observar como o historiador, munido dessa técnica conceitual, deverá se portar com relação à sua pesquisa. Com efeito, o historiador, para Veyne, deve sentir-se livre para utilizar e mesclar conceitos que lhe foram legados pela tradição historiográfica ou mesmo em outros ramos de saber. O problema, portanto, é de que maneira lidar com os conceitos que o historiador julgar útil para conduzir sua narrativa, cooptando-os ao mesmo tempo para a tarefa teórica.

ENREDOS DE CLIO: PENSAR E ESCREVER A HISTÓRIA COM PAUL VEYNE 101

TAREFA TEÓRICA IV: PROBLEMAS DA TAREFA TEÓRICA EM RELAÇÃO À UTILIZAÇÃO DE CONCEITOS NA NARRATIVA HISTÓRICA

Tópica histórica

Aguçar a visão por meio do acúmulo de conhecimento historiográfico

Como veremos, Veyne propõe que o estoque de conceitos seja utilizado livremente, inclusive para combinar seus elementos, desde que esse estoque perfaça um mecanismo que intensifique a visão do historiador, tornando-a mais afinada para perceber a diferença que marca os acontecimentos. Sendo assim, temos em pauta algo como um método teórico cuja função é capitalizar a tarefa narrativa. Vejamos como isso é possível.

Do ponto de vista cognitivo, a formação de conceitos históricos deve manter em esferas inteiramente autônomas o sujeito do conhecimento e seu objeto. Nenhum tipo de totalidade histórica pode ser resgatado do encontro entre ambas as esferas. Mesmo assim, a tarefa que concerne ao historiador é tornar inteligível a dispersão das séries entremeando-as por meio de um itinerário por ele traçado.

O historiador não está numa situação privilegiada para realizar esse objetivo; a sua visão resulta mais enriquecida posto que ele dispõe de um fundo cultural que acumulou observações sobre a experiência histórica dos homens. Quando um historiador estuda um acontecimento, coloca-se em condições de pôr em funcionamento esse estoque de conhecimento, de modo que pode multiplicar as questões a respeito de seu objeto. Um bom exemplo de utilização do questionário histórico refere-se à história de Roma. Plínio denuncia a fuga do ouro de Roma, no entanto tal alerta não vem acompanhado de um informe sobre as riquezas recebidas pelo Império. Veyne estranha tal procedimento e, contrariando as interpretações que se apegam ao aspecto econômico do evento, pergunta se tal manifestação de Plínio não estaria associada a uma estratégia de "política disciplinar" (Veyne, 1979, p.211-44).

Procedendo dessa forma, a visão do historiador estará capacitada para perceber diferenças e nuanças onde os homens que viveram o episódio estudado enxergavam um cenário unidimensional e confuso. Dá-se o mesmo no caso dos filósofos ou historiadores que tentaram estudar a sociedade de seu tempo; eles não tinham nas mãos os instrumentos para multiplicar a sua visão. Seja como for, o fato é que os pesquisadores que se voltam para o passado estão em condições de ver "mais coisas", de revelar "mais aspectos do real", pois está em suas mãos a formação de conceitos novos.

Revelar mais, multiplicar a visão, significa afirmar que o estudo do campo acontecimental pede algo mais do que apelos a uma profundidade. O que implica, por exemplo, que ao compararmos historiadores dedicados a um mesmo objeto, devemos nos preocupar menos com suas idéias sobre a história do que com a apresentação mais ou menos detalhada, mais ou menos reveladora dos acontecimentos. O progresso que a história pode acumular, portanto, diz respeito a que o acúmulo de conhecimento converte-se em conceituação do acontecimento, a qual não se traduz pela formulação de teoremas ou teorias que se podem postular e refutar. Mas, de fato, a conceituação do acontecimento é a "razão de ser das disciplinas histórico-filológicas e a justificação de sua autonomia; ele é uma parte da descoberta da complicação do mundo" (Veyne, 1971, p.255).

Ampliar o questionário histórico e tornar visível o não-acontecimental

A tópica de conceitos é utilizada pelo historiador, igualmente, como uma operação teórica aplicada à crítica documental. A tópica de conceitos atua como um mecanismo destinado a rastrear os acontecimentos que aparecem diluídos na fonte documental. Mas como podem os conceitos tornar-se esse mecanismo para revelar a diferença do acontecimento na face plana do testemunho documental?

O aumento do número de conceitos históricos desloca a visão comum, que tende a banalizar o passado enxergando nele apenas o que a associação com o presente imediato do observador solicita.

ENREDOS DE CLIO: PENSAR E ESCREVER A HISTÓRIA COM PAUL VEYNE   103

No que toca ao trabalho do historiador, a produção de novas categorias ou tipos de acontecimentos significa que se poderá dispor de uma relação maior e mais rica de questões para enfrentar a visão das fontes (Veyne, 1971, p.258-60).

Tal procedimento em muito se assemelha àquele utilizado pela retórica clássica. O orador dispunha de listas de "lugares-comuns", as quais, de acordo com a situação, sugeriam que aspectos da questão podiam ser tratados (Cícero, 1960, p.69-73). Da mesma forma, uma tópica de conceitos históricos deve funcionar como um indicador pelo qual o historiador situe-se em relação às dificuldades colocadas pelo estudo de tal ou qual acontecimento e fique, ao mesmo tempo, informado sobre as tentativas de outros historiadores de resolvê-las.

Com efeito, a elaboração da tópica histórica, por ser a sofisticação de um questionário, é um dispositivo de duplo sentido. Por um lado, liga-se ao trabalho de conceituação propriamente, pois coordena os conceitos. Por outro, serve para organizar tais conceitos em sistemas que possuem regime hipotético-dedutivo, posto que fornecem para a retrodicção uma lista de hipóteses para a reconstrução causal (Veyne, 1971, p.260; 1974, p.73).

A tópica não é apenas um exercício de classificação ou um artifício que torna mais eficiente a visão do historiador. Onde os acontecimentos poderiam ser apresentados como uma crônica, isto é, reunidos em ordem cronológica, o historiador precisa explicitar, tornar densa a atmosfera que os circunda, revelando novos acontecimentos. A tópica, portanto, desenvolve-se segundo o trabalho teórico que torna visível o não-acontecimental.

Os dados encontrados nos documentos não fornecem, por exemplo, a curva de preços/salários durante a Revolução Industrial na Inglaterra; pode-se consegui-la quantificando os dados. Os documentos também não nos informarão diretamente que, na Idade Média, as pessoas tinham uma percepção peculiar da temporalidade, pois elas não tinham consciência desse fato, como nos mostra Le Goff (1990, passim). Em ambos os casos, o historiador esquivou-se à evidência, ao simples desfile dos acontecimentos que as fontes tentavam impingir-lhe. O lugar dessa luta contra a ótica das fontes é a tópica histórica, pois, conforme Veyne, a dificuldade

104   HÉLIO REBELLO CARDOSO JR.

para o conhecimento histórico "é menos achar respostas do que achar perguntas" (Veyne, 1971, p.267). Se o historiador não formula questões, será um mero reprodutor do que as pessoas pensavam sobre sua realidade; não será capaz de revelar o não-acontecimental sob o que parece evidente.

Deficiência da tópica para a apreensão do conjunto de uma época histórica

Utilizar os conceitos da tópica para multiplicar a visão do historiador e para fornecer um questionário que "faça o documento falar" são procedimentos de instrumentalização desses conceitos. De fato, pode-se dizer que o historiador, agindo dessa forma, estaria fazendo uma aplicação metodológica dos conceitos à sua disposição, pois todos os conceitos são úteis desde que se trate de explorar as fontes. Em contrapartida, restringir o conceito a essa função seria rebaixá-lo a um *status* inferior ao que lhe atribui a tarefa teórica. O conceito precisa revelar a expressão de uma época no dado fornecido pelo documento. Vejamos, portanto, aonde a tópica histórica nos conduz, diante da maior complexidade exigida pela conceituação em histórico. Os documentos, entretanto, são insuficientes para responder às questões que a tópica histórica apresenta para cada situação. É necessário dar forma palpável à aura de que se impregna o historiador ao tomar contato com o documento, pois ele não pode esquecer que o acontecimento está envolvido por uma atmosfera que torna peculiar a situação histórica estudada. Para o homem comum essa aura revela-se apenas parcialmente, posto que ele vive a sua época, ou seja, orienta-se por um significado prático. Da mesma forma, o historiador que assiste aos acontecimentos de seu presente e os narra, embora distancie-se adequadamente para conhecê-los, e até se valha da tópica à sua disposição, não conseguirá enxergar muitas relações porque não pode destacar-se radicalmente do fundo comum de sua época.

Porém, o historiador, estudando o passado ou o presente, precisa apreender o conjunto de uma época histórica expresso com um acontecimento: esse é o objetivo do conhecimento histórico. O que significa tão-somente que sua resposta às questões coloca-

ENREDOS DE CLIO: PENSAR E ESCREVER A HISTÓRIA COM PAUL VEYNE

das pela tópica precisa dispor de uma orientação que suplanta os termos da reflexão nos quais se tratou a conceituação até aqui. Esta última não se restringe à revelação do não-acontecimental, mas precisa demonstrar como ele é constituído. Com efeito, a tópica não esgota a tarefa de conceituação; ela a integra fornecendo questões e agrupando os conceitos apropriados a revelar a dispersão do acontecimento pelas séries que o constituem. Somente tal esforço explica, para Veyne, o avanço do conhecimento histórico, pois "lembremo-nos de que Heródoto e Tucídides dispunham de todos os fatos necessários para fundar uma história social ou religiosa ... e não a fundaram" (1971, p.267).

Mas, nos limites onde a tópica histórica pode atuar, a relação cognitiva entre sujeito e objeto do conhecimento fica restrita à caracterização do primeiro como historiador, membro de uma corporação, participante da "ordem dos historiadores". Sendo assim, o objeto da história é encontrado pelo historiador já plasmado na tradição historiográfica, isto é, à sua disposição nas obras históricas. Por isso, segundo Marrou, "a riqueza do conhecimento histórico é diretamente proporcional à cultura pessoal do historiador" (1958, p.36).

Assim, o presente do historiador e o passado vivido estão unidos unicamente por intermédio do conhecimento acumulado. O encontro entre sujeito e objeto não implica a interseção de essências homogêneas, mas a capacidade intelectual, que possui o historiador, de multiplicar o acesso ao passado por meio das tópicas que pode elaborar.

Nessa caracterização da tópica reafirma-se o que já foi dito, que a relação cognitiva reflui inteiramente para o âmbito do sujeito, mesmo que ele seja tomado apenas como sujeito do conhecimento histórico. A tópica histórica baseia-se, segundo Marrou, "na intervenção ativa, na iniciativa que o sujeito cognoscente estabelece, entre presente e passado" (ibidem, p.38).

O esforço de conceituação em história tem, para Veyne, a peculiaridade de implicar a pesquisa empírica e a reflexão sistemática (Veyne, 1974, p.69-70). Por parte do leitor comum, significa a apresentação de focos conceituais que forneçam todos os dados a fim de que o leitor possa reconstituir os acontecimentos; quer dizer, não apenas a sua materialidade ou pontualidade temporal, como também a aura ou a atmosfera que os circunda, como teremos oportunidade de observar com a devida atenção no Capítulo 4. A leitura da história, então, precisa ser discursiva como se o trabalho teórico operasse nos bastidores revelando em cena apenas a ação (Deleuze, 1968, p.25).

O sentido desse empreendimento corresponde, portanto, à racionalização da história, pois que constitui o regime de sua fundamentação como conhecimento. Nesse regime, fundem-se dois aspectos que se influem mutuamente e que apresentam interesse filosófico. Um deles, o que está em pauta, é o conceito histórico; o outro, a narrativa, isto é, o aspecto de ordem estética (Veyne, 1974, p.70-2, 81).

Narrativa e critérios de objetividade

A intriga e a narrativa histórica: imitar e revelar a ação

Ora, a tópica de conceitos é aplicada instrumentalmente conforme indicou-se. Em seguida, é preciso que se observe em que medida os procedimentos aos quais serve a tópica supõem e, de fato, conduzem o esforço teórico em história ao registro narrativo. Aguçar a visão para descrever mais e melhor; formular questões pelos ângulos mais diversos e respondê-las historicamente. Sem dúvida, em ambos os casos, configura-se um apelo direto à narrativa. Em contrapartida, pergunta-se: que caráter deve ter a narrativa histórica, de modo que ela possa acomodar os componentes da tarefa teórica a seu registro?

Já se observou que a intriga se caracteriza pela exclusão da referência à temporalidade no sentido cronológico. A temporalidade da intriga é não cronológica, pois deve estar de acordo com os diversos pólos em que se ambienta uma ação (Aristóteles, 1944, p.447-9, 1451a 36-1451b 10), como vimos no Capítulo 1. Isso significa, como também já foi assinalado, que a intriga desloca-se pelas várias séries nas quais um acontecimento pode ser estruturado, criando, segundo Ricoeur, uma unidade que lhe é própria – a "concordância discordante" –, a qual se articula a partir da dispersão acontecimental. Tal tarefa não é simplesmente um relato cronológico

ENREDOS DE CLIO: PENSAR E ESCREVER A HISTÓRIA COM PAUL VEYNE

pois, como afirma Ricoeur, "compor uma intriga é fazer surgir o inteligível do acidental, o universal do singular" (1983, p.70, 241).

Do ponto de vista estético, portanto, a história assemelha-se à obra de arte literária devido ao caráter da intriga; mas ao mesmo tempo se distingue dela devido à narrativa. Pois, enquanto a ordenação da narrativa na obra de arte repousa sobre a reprodução da ação, como diz Ricoeur (ibidem, p.70), a narrativa histórica constrói-se, diz Veyne, por intermédio de conceitos cuja função é revelar a ação (1974, p.70). Por isso, Ricoeur pode dizer que o historiador é, como o poeta, um "compositor de intrigas", mas diferentemente deste último não é apenas um imitador da ação. A intriga que o historiador compõe deve ir além de sua função na obra artística.

A questão da conceituação em história atinge centralmente a problemática da narrativa histórica. O historiador deseja descrever o devir, mas as coisas estão sempre se modificando mais rápido do que as palavras que podem dizer como elas são. Por isso, um livro de história somente pode ser considerado uma obra de arte quando os conceitos e categorias conseguem levar os acontecimentos a um fluente corpo interpretativo, o que é possível, segundo Veyne, quando deixam de ser anacrônicos ou de expressar entidades eternas (Veyne, 1971, p.172).

A narrativa histórica necessita de uma tópica de conceitos, assim como a arte do desenho necessita de um questionário visual. Tais conceitos atuam sobre a intriga tornando-a um dispositivo de procura da especificidade das ações representadas.

Exemplos da problematização da narrativa histórica: meio expressivo versus estrutura lógica do conhecimento

O problema da narrativa histórica foi posto em segundo plano por tradições tão distantes quanto a Escola dos Annales e a epistemologia neopositivista. Ambas as tradições, no entanto, possuíam razões diferentes para proceder dessa maneira. A escola francesa, concentrando suas incursões historiográficas ao domínio metodológico, definiu o objeto histórico não mais como individualidade, mas como fato social total. Ora, tal deslocamento teria como efeito imediato um desprezo pela narrativa que era associada à "história de tratados e batalhas", isto é, uma modalidade de história que se restringia a reproduzir as fontes. Por sua vez, o positivismo lógico elide o problema da narrativa, pois avalia a explicação histórica pela sua associação aos modelos que supostamente definiriam o saber científico; de modo que a narrativa fica vinculada à esfera, totalmente alheia, dos meios expressivos, como analisa Ricoeur (1983, p.137-8).

A escola histórica alemã do início do século possuía, também, seus próprios motivos para separar a narrativa das questões de ordem teórica concernentes à compreensão histórica. Weber afirma que, em geral, confunde-se "o processo psicológico da formação de um conhecimento científico e a forma artística da apresentação daquilo que se captou a fim de influenciar psicologicamente o leitor com a estrutura lógica do conhecimento" (1965, p.306-7).

Segundo esse ponto de vista, é o "tato" ou a "intuição" que fornece ao pensamento hipóteses explicativas para as situações históricas tomadas como objetos, uma vez que elas se deixam compreender por analogia com nossa própria "essência espiritual". Da mesma forma, é a "intuição sugestiva da narrativa" que permite ao leitor reviver a relação inicial do historiador com seu objeto, que, afinal, foi também captada intuitivamente. Mas, no que diz respeito à estrutura lógica do conhecimento histórico, não importa como apareceu na imaginação do historiador uma hipótese. Importa, sim, que ela seja verificada em confronto com os fatos e de acordo com o "saber adquirido pela experiência". O historiador não tem de se pronunciar a respeito do problema psicológico do conhecimento, no qual se inclui a narrativa, mas sim demonstrar por meio de quais categorias lógicas a hipótese levantada intuitivamente pode ter uma validade objetiva para o estudo da realidade histórica.

Sendo assim, se o historiador apresenta por meio da narrativa o curso dos eventos, sem fornecer em detalhes todas as operações metodológicas que propiciaram o resultado lógico de sua investigação, então, como assevera Weber, "sua exposição será apenas um romance histórico e não uma relação científica" (ibidem, p.307). Eis que, para Weber, as operações lógicas do conhecimento devem ser apresentadas pela narrativa, embora com ela apresentem somente uma ligação instrumental.

Na mesma linha de pensamento, Marrou acredita que o conhecimento histórico não pode ser assimilado à narrativa, pois "a História existe já, perfeitamente elaborada no pensamento do historiador, antes mesmo de ele a ter escrito" (1958, p.32). Assim a narrativa é apenas uma exigência de ordem prática, uma questão que é "em si exterior à história" (ibidem, p.279).

Nesses casos, quando muito, apela-se para exortações à sensibilidade do historiador a fim de que ele não se descuide do aspecto estético de seu texto, tanto para exibir suas idéias de forma mais clara possível quanto para tornar menos árida a fruição por parte do leitor.

Outro posicionamento bastante comum é aquele que traça relações exteriores entre o conhecimento histórico e a narrativa. Com efeito, cumpre harmonizar dois gêneros diversos, pois, como já afirmava Macaulay, em 1828, na ficção os princípios são dados e então buscam-se os fatos; enquanto na história são dados os fatos para os quais devem ser achados os princípios. O historiador deve conciliar duas operações que atendem a regimes complementares. Caso contrário, estará cumprindo seu ofício apenas pela metade, uma vez que "ao invés de ser igualmente partilhada entre ambos os domínios, a Razão e a Imaginação, [a história] cai absolutamente sob o domínio único de um deles" (Macaulay, 1963, p.71-89).

De acordo com essa perspectiva, procura-se, além de um equilíbrio, uma espécie de simbiose entre a investigação e a expressão, de forma que é durante o esforço narrativo que o conhecimento pode alcançar um avanço decisivo. Sendo a forma expressiva um expediente para se apreender o devir, é nela que a verdade do conhecimento recebe o seu acabamento, segundo a lição de Valéry (1957, p.1132-3), pois a incerteza da reconstituição dos fatos históricos é a mesma potência que preside o romance e o conto.

A estrutura lógica do conhecimento se enriquece com a elevação da capacidade narrativa

Paul Veyne, por sua vez, foi capaz de estabelecer ligações internas entre o conhecimento histórico e a narrativa, ao articular intriga e narrativa. Pois é justamente na definição de intriga, formada por várias séries, que se agudiza a necessidade de apreensão do objeto da história em sua singularidade. É nela, ainda, que todo o empreendimento de reconstrução causal e de elaboração teórica desvincula-se das noções de sentido ou leis da história, bem como das totalidades históricas construídas pelo pensamento. Quer dizer, a noção de intriga rompe com a separação entre a "estrutura lógica do conhecimento" e o meio expressivo, ao franquear a primeira aos recursos narrativos como a descrição e o deslocamento de planos. Mas, com o acesso direto ao conhecimento, esses recursos são promovidos teoricamente, como veremos em detalhes no Capítulo 5.

O acontecimento, toda ocorrência singular e não repetível, é, por definição, qualificado por sua inserção em séries; somente nelas, o acontecimento poderá tomar lugar em relação a outros acontecimentos e, então, ser narrado, como salienta Ricoeur (1983, p.240). É no entrecruzamento das diversas séries que se encontra o singular e sua apreensão é executada por intermédio da intriga. Enfim, a compreensão histórica torna-se melhor sempre que há uma elevação da capacidade narrativa.

As causas, por sua vez, são apenas episódios da narrativa, pois, como afirma Mandelbaum, "a causa é o conjunto completo de ocorrências ou de acontecimentos efetivamente em curso, resultando neste efeito particular e em nenhum outro" (s.d., p.93). A explicação causal toma a forma narrativa, posto que, ao trilhar uma série lacunar devido ao estado da documentação, o historiador pode entrar na trajetória de outra série onde se inclui, também, o acontecimento estudado. Mediante essa operação, a retrodicção, compõe-se uma intriga cuja função é recompor, narrativamente, as ligações causais que eram reconstituídas por intermédio de leis intrínsecas ou por quadros de pensamento. A diferença básica, notada por Ricoeur, é que, enquanto a narrativa trabalha no marco do próprio acontecimento, esses últimos dispositivos ainda tinham de dispor sobre o enquadramento dos dados fornecidos pela realidade (Ricoeur, 1983, p.243).

Narrativa e conceitos da tópica histórica

A narrativa deve estar preparada para receber os componentes da tarefa teórica. Em contrapartida, a tópica histórica e o questionário dela derivado preparam a narrativa. Porém, a correspon-

ENREDOS DE CLIO: PENSAR E ESCREVER A HISTÓRIA COM PAUL VEYNE

dência não é ainda suficiente. Vejamos em que ponto exatamente a tópica histórica, diante da narrativa, é deficiente para responder a todas as exigências do esforço teórico em história.

Não há nada a compreender na história além das intrigas. Porém, observou-se que, além da tarefa descritiva, Veyne exige que sua realização se dê por meio do recurso à tópica histórica, isto é, mediante uma ampliação do questionário do historiador por meio de uma progressiva conceituação.

A junção de ambas as teses, pretensão à primeira vista contraditória, produz conseqüências em dois sentidos. Em primeiro lugar, a noção de intriga não está associada à "história de tratados e batalhas", à "história acontecimental", pois existe intriga mesmo na "história estrutural", ou seja, onde é necessário revelar a estrutura da realidade histórica. Por isso, resume Ricoeur, "a questão posta pelo livro de P. Veyne é a de saber até onde se pode estender a noção de intriga sem que ela cesse de ser discriminante" (1983, p.246), conforme analisaremos no Capítulo 5.

A narrativa histórica não é "narrativa no sentido usual", diz Veyne (1971, p.119). A tarefa do historiador é descrever, ir mais adiante no campo do não-acontecimental. No entanto, tem necessidade de fazer uso de conceitos. Assim, mesmo que ele se sinta à vontade ao se considerar um "cenarista do sublunar", é preciso que especifique para si mesmo sua tarefa teórica, como salienta Lebrun (1971, p.657-8). Mas, se os conceitos servissem apenas para encadear os fatos verdadeiros em intrigas, se eles não lançam luz sobre o "índice de totalização de cada intriga em relação à situação global", então, julga Lebrun, o historiador "não fala de nada" (ibidem, p.661). O diferendo é simplesmente o seguinte: existem narrativas e narrativas. Umas não fazem compreender nada; outras fazem compreender em maior ou menor grau. E o historiador sabe disso, pois, como aponta Aron, "ele não constrói jamais uma totalidade que não esteja ao menos esboçada no passado vivido, ele repensa sempre a totalidade que o documento lhe entrega" (1961, p.28).

Com efeito, a apresentação de uma estratégia de articulação da narrativa histórica esquiva à totalidade é uma questão relevante, pois tal apresentação é a última questão de que a tarefa teórica deverá dar conta para que os conceitos históricos possam, afinal, fluir narrativamente (*vide* Capítulo 5).

Resumo: o impasse da tarefa teórica
(conceito histórico *versus* totalidade histórica)

A consideração de uma tarefa teórica provém da insuficiência da tarefa narrativa em fundamentar uma nova objetividade para o conhecimento histórico. E uma objetividade tal que esteja em concordância com a já desenvolvida tarefa narrativa.

Precisamente, a tarefa teórica configura o divisor de águas em relação às correntes de pensamento que marcam presença no âmbito das teorias da história. Principalmente, a partir da idéia do que constitui a técnica de elaboração de teorias e conceitos históricos, procurou-se evidenciar, neste capítulo, a ruptura com a tradição da filosofia crítica da história, à qual Veyne filia-se como herdeiro de Aron e, por intermédio deste, de Weber (Aron, 1971, p.1321). De fato, não bastava que Veyne tivesse definido o objeto da história em novas bases e, a partir dele, demarcado o campo da história, com seus acontecimentos e séries. Não bastava, ainda, que a explicação histórico-causal fosse concebida como a restituição da contingência aos fatos mediante a elaboração de intrigas. Ambos os passos carecem de uma técnica teórico-conceitual que os informe. É dela que provêm as possibilidades do conhecimento histórico, e não da esfera compreensiva ou da significação cultural que instaurariam os objetos históricos bem como a capacidade de apreendê-los.

Além disso, essa ruptura com a filosofia crítica não significa um retorno ao que fora rejeitado, isto é, a busca de um sentido imanente à história. Pelo contrário, reitera e aprofunda o significado dessa rejeição, uma vez que ratifica a liberdade do historiador. Em resumo, Veyne descortina um horizonte que se abre a novas alianças teóricas, e no qual se esboça a originalidade de sua trajetória.

A tarefa teórica devia iniciar-se pela estipulação de uma relação cognitiva que liberasse totalmente o sujeito do conhecimento diante do objeto histórico. Era necessário que fossem abolidos os postulados da interseção entre sujeito e objeto do conhecimento

ENREDOS DE CLIO: PENSAR E ESCREVER A HISTÓRIA COM PAUL VEYNE

devido à similitude essencial que os uniria. Somente postando o historiador em um pólo isento em relação ao objeto, é possível estabelecer a abstração histórica como operação que mantém-se apegada ao real.

Em consonância com esse objetivo, as teorias históricas não seriam mais que a constituição de intrigas através das quais se procura retratar a imagem do real por meio da síntese empírica. Logo, a elaboração de uma teoria-intriga corresponde ao conjunto da tarefa narrativa: narrar, contar a história, pela descrição dos acontecimentos.

Sendo assim, a tarefa teórica tem de se deparar novamente com a infinitude do campo acontecimental. Essa verdadeira dissolução – não mais demolição como na tarefa narrativa – ao invés de ser um retrocesso, significa que a tarefa teórica aprofunda-se, visto que, então, a clareira está aberta para que a questão central seja posta em jogo, a saber, o trabalho do conceito relativamente ao conhecimento histórico.

Em primeiro lugar, o conceito aplicado à história precisa enfrentar a questão da fixação de seus limites, uma vez que sua função é a de apreender acontecimentos únicos e irrepetíveis. Em segundo lugar, apresenta-se a questão de que esse mesmo conceito deve ter uma face voltada para a revelação da época histórica que o acontecimento freme com sua singularidade.

Quanto a essa última questão, impõe-se, por coerência com os passos anteriores, que seja possível definir conceitualmente uma estratégia que esteja no mesmo nível da descrição dos acontecimentos. Eis, portanto, outro ponto em que o historiador se livra de uma filosofia da história entendida como apreensão do sentido da história.

Mesmo diante desse dilema posto para o conceito histórico, é possível fazer avançar a tarefa teórica. Com efeito, o historiador pode começar por sistematizar e desenvolver uma tópica de conceitos históricos legados pela tradição historiográfica. O papel dessa tópica é o de aguçar a visão do historiador fornecendo-lhe uma ótica que desloque a linearidade e a platitude da visão fornecida pela fonte histórica. Por outro lado, tal tópica de conceitos, ao multiplicar o ponto de vista do historiador, contribui para o aumento da capacidade narrativa, de modo que meio expressivo e estrutura lógica do conhecimento ficam unidos sob um mesmo signo. Conjuntamente, tópica e narrativa contribuem para a reconstrução da objetividade do conhecimento histórico.

Contudo, o esforço de conceituação não pode deter-se neste ponto. A tópica de conceitos revela o não-acontecimental subjacente a todo acontecimento, esclarecendo a sua dispersão em séries. Resta ainda que a conceituação não pode sustentar uma noção de totalidade histórica. A conceituação conectada à noção de séries múltiplas permite que o próprio sentido apareça como efeito das próprias multiplicidades e não como princípio interno gerador.

Resgatar a multiciplidade das séries e mantê-la no regime narrativo, eis um desafio permanente para o conceito histórico. Por isso, também para a narrativa histórica, a tópica de conceitos é um recurso útil, mas deficiente.

Por todas essas carências, a tarefa teórica do conhecimento histórico precisa prosseguir, fazendo avançar os pontos de reflexão que vimos sistematizando.

4 TAREFA TEÓRICA: CONCEITO E GENERALIZAÇÃO

"O conhecimento pelo conceito se chama pensamento (*cognitio discursiva*)." (Kant, "Algemeine Elementarlehre", §1 *Logik*, 1923, p.91)

"Os historiadores de profissão infelizmente contribuíram para consolidar um preconceito, pois eles procuraram fundar a originalidade da 'história' ... insistindo sobre o fato de que o trabalho 'histórico' seria algo qualitativamente distinto do trabalho 'científico', pela razão de que a história não teria nada a ver com conceitos e regras."
(Weber, *Gesammelte Aufsätze zur Wissenchaftslehre*, 1968.)

TAREFA TEÓRICA V: GENERALIZAÇÃO DA BASE EMPÍRICA E "GLOBALIDADE CAUSAL"

Avanço da conceituação em direção à generalização histórico-causal e em relação à generalização da base empírica

Observou-se que a tópica de conceitos históricos desempenha uma importante função no trabalho de investigação histórica. Porém, essa função limita-se a uma atuação heurística. Ela permite que o historiador aguce a sua visão, multiplicando as questões apresentadas aos dados documentais e, portanto, desvendando novas intrigas a serem descritas. Em primeiro lugar, a vinculação entre intrigas e conceitos da tópica, uma vez que estes últimos provêm da conceituação do acontecimento, fornecem hipóteses para a concatenação da explicação causal. Em segundo lugar, os conceitos da tópica provêm da cultura histórica acumulada, ou seja, das tentativas, plasmadas na historiografia, de sistematizar a experiência vivida por meio de uma combinatória de situações que procurasse reunir as principais variáveis da ação "dado o caráter indefinido das coisas humanas" (Veyne, 1974, p.73).

Sendo assim, a atuação heurística dos conceitos está associada, por Veyne, a duas tarefas. Por um lado, liga-se à generalização histórico-causal, pois "os circuitos causais da ação não se revelam por inteiro à visão imediata" (ibidem, p.72). Por outro lado, liga-se ao estabelecimento de teorias acerca da estrutura do mundo histórico, pois, ainda que esse uso do conceito histórico esteja em parte confinado à herança cultural da historiografia, relaciona-se com a conceituação do acontecimento. Nesse momento, a conceituação histórica extrapola sua função heurística, posto que, como adverte Aron, a análise conceitual permite "definir a especificidade dos subsistemas, fornecer uma lista das principais variáveis, sugerir determinadas hipóteses relativas ao seu funcionamento, facilitar a discriminação entre as teorias e as pseudoteorias" (apud ibidem, p.73). Dessa maneira, enfim, o conceito tem de se haver com o mecanismo pelo qual se torna possível acessar cognitivamente a generalização histórica estipulada a partir da base empírica.

Leis científicas e "causa global"

Relações entre explicação causal em história e explicação nomológica das ciências

Porém, a fim de abrir apropriadamente à análise as relações entre conceituação e "regras gerais da experiência" ou "regularidades fragmentárias" ou, ainda, "leis históricas", é necessário observar as relações desses tipos de generalizações da base empírica com a causalidade histórica. Na verdade, como veremos, se a explicação dos acontecimentos históricos, isto é, se a causalidade que se pode estabelecer entre os fatos a partir do recorte feito pelo conhecimento histórico pode ser generalizada pelas leis científicas, então o trabalho do conceito deve restringir-se em suas pretensões (seção "Redução do conceito a um dublê de teoria...", neste capítulo). De um lado, a alegada incompletude da causalidade histórica erradica-se por intermédio de sua vinculação a leis. De outro, o próprio estatuto do acontecimento histórico como diferença e sua dispersão em séries são resolvidos pela mesma razão, de modo que o conceito se liberta, também, do caráter problemático do objeto da história. Nesse caso, o papel máximo a que pode aspirar o conceito histórico será o de "coligador" que forneça o maior rigor possível a proposições nomológicas (Walsh, 1974, p.139).

Quanto a esse ponto, devemos indagar Veyne: em que medida uma causalidade relacionada ao acontecimento pode apresentar certa generalização da base empírica? Enfim, como uma causa qualquer, por detalhe que seja, poderia ser relacionada a grandes fluxos causais que atravessam o campo acontecimental? Nesta passagem, estuda-se o caso específico em que a generalização da base empírica seria expressa por meio de uma lei ou legalidade científica.

Veyne afirma que há "semelhança entre a explicação causal em história e a explicação nomológica das ciências" (1971, p.197). Contudo, a relação entre ambas é periférica, na medida em que uma lei estabelece entre os dados uma relação que é geral; enquanto a causa estabelece entre eles uma relação que é "ao menos generalizável, salvo exceções". Em outras palavras, uma relação causal pode se repetir, só que será muito difícil erigi-la em lei, uma vez que é impossível prever "quando e em que condições ela se repetirá" (ibidem). Trocando em miúdos, vale dizer que a generalização de uma cadeia causal dificilmente corresponde à fornecida por uma lei.

"Luís XIV tornou-se impopular devido aos impostos." Parece simples extrair daí uma lei: uma política fiscal dura tem como efeito a impopularidade do governo. Mas o historiador poderá sofisticar a sua análise e, ao ler melhor a documentação, descobrirá que a política fiscal causou o descontentamento do povo, que, por sua vez, foi a causa da impopularidade do governo. Nesse caso, o enunciado da proposição nomológica terá de se desdobrar, pois a explicação causal já envolve duas causas e dois efeitos. O historiador, então, poderia escrever: todo descontentamento, desde de que seja efeito de uma política fiscal austera, é, simultaneamente, causa da impopularidade do governo. A cada vez, o enunciado da lei terá de ajustar sua formalização, pois sempre será possível estender indefinidamente os elos da cadeia causal. Hempel indica tal conseqüência ao demonstrar que a explicação histórico-causal por intermédio de "leis gerais", normalmente, tomará "a forma de uma precisão gradualmente crescente quanto às formulações em causa" (1965, p.238).

Pode-se perguntar se o detalhamento do enunciado de uma lei não camufla formalmente o que, na realidade, o historiador lograria por outras vias. Sim, pois o refinamento da proposição nomológica corresponde a um aprofundamento da pesquisa empírica cujo resultado é meramente a "descrição do que se passou". A lei geral poderia restringir sua validade a apenas uma propriedade do evento em causa; no entanto, os enunciados subjacentes que se referem a outras propriedades resultariam em uma generalização da base empírica por meio de procedimentos lógicos. Mas, reconstituindo dessa maneira a "individualidade do acontecimento, nos restará, ainda, encontrar a sua lei" (sic) (Veyne, 1971, p.198). O problema das leis gerais em história é semelhante àquele da serpente que começa a comer-se a partir do próprio rabo; é possível formulá-lo objetivamente, mas, como não se encontra uma solução plausível, fica-se extasiado pela própria possibilidade de formulá-lo adequadamente.

ENREDOS DE CLIO: PENSAR E ESCREVER A HISTÓRIA COM PAUL VEYNE

Sem dúvida, ao rejeitar a absorção da causalidade histórica pelas leis, adverte-se para a armadilha empirista de se tentar extrair um nível alto de formalização em um âmbito refratário ou inapropriado a ela, pois, como afirma Stegmüller (1983, p.347), "é um empreendimento desesperado ... querer tirar das maneiras cotidianas mais precisão do que elas contêm".

Para Veyne, na verdade, dada a incompatibilidade congênita entre lei científica e causalidade histórica, somente pode existir entre elas uma relação positiva, em detalhes que não importam para o conhecimento histórico. Como um mesmo fato, de acordo com a operação específica do conhecimento, pode ser tomado como um fenômeno ou um acontecimento, então é possível trazer à tona o limite entre um e outro. A pedra que cai sobre a cabeça de um general que se dirige para uma batalha decisiva certamente obedece à lei da queda dos corpos. Mas o importante para a explicação histórica é que o efeito provocado pela pedra modifica o acontecimento descrito. Em suma, o que importa para a causalidade não é a lei que preside a queda da pedra, pois do ponto de vista do acontecimento ela é um acaso que assume um papel causal. Segundo Stegmüller (1983, p.344), que sintetiza essa questão, "existem leis em história, mas não leis da história".

"Causa global": escapando à armadilha empirista

No entanto, talvez, a vinculação entre causalidade e leis possa ser tomada em um sentido menos dramático, de modo que não haja apenas duas saídas para a problemática. Quais sejam, a referência total de causas a leis, sendo as primeiras um estágio preliminar e necessário para a sistematização das últimas; ou a oposição total, no sentido acima indicado por Veyne, entre a causalidade histórica referente a acontecimentos e a causalidade referente a fenômenos, a qual oculta uma lei científica, como tivemos oportunidade de assinalar (Capítulo 1).

De fato, essas alternativas não são as únicas que nos restam. Como indica o próprio Veyne, especificando-se o estatuto da causalidade no sentido de entender a causa como um aspecto do acontecimento, então é possível encontrar uma causa/acontecimento global que seja nada mais que um resumo da intriga. Assim, a pos-

120 HÉLIO REBELLO CARDOSO JR.

sibilidade de generalização é dada na superfície do campo acontecimental, e não mais abstraída logicamente em relação ao plano no
qual se dá o encadeamento entre os acontecimentos, como foi observado no Capítulo 2.

Sendo assim, Veyne anuncia uma articulação entre causalidade e generalização que não mais se define pela noção de lei indicada acima. Mas basta, por ora, que se observe essa articulação em
sentido geral, já que ela é circunscrita, em primeira instância, pelo
estatuto da causalidade histórica; e que fique para mais adiante,
ainda neste capítulo, a definição do estatuto teórico dessa "nova"
generalização da base empírica.

Generalização histórico-causal como
imputação causal e como "globalidade causal"

Significação cultural como base da totalidade
que preside a generalização histórico-causal

Pode-se indagar se, na verdade, Veyne não se furta à problemática das leis históricas ao rebaixar a noção do que é generalizável a uma mera globalidade dada pelos acontecimentos. Essa indagação pode ser feita em contraste, por exemplo, com o pensamento
weberiano, para o qual "o problema da causalidade em história se
orienta ... em direção à imputação de efeitos concretos a causas
concretas, e não em direção ao aprofundamento de legalidades
abstratas" (Weber, 1965, p.296).

Sem dúvida, detecta-se, inicialmente, uma confluência quanto
aos objetivos do conhecimento histórico. Veyne também concorda
em que sejam procuradas causas concretas para efeitos concretos.
Mas a questão, não custa repetir, é como generalizar essas relações.

Ora, pôde-se observar o cerne desse problema (Capítulo 3). A
causalidade define-se a partir da relação a valores, que necessariamente seleciona no passado aquilo que possui uma significação causal para o presente em que está imerso o historiador. Isso significa
dizer que são negligenciados aqueles objetos do passado que não
são causalmente relevantes. Nas palavras de Weber: "É necessário
convir que nesse caso (o dos objetos negligenciados) a curiosidade

ENREDOS DE CLIO: PENSAR E ESCREVER A HISTÓRIA COM PAUL VEYNE   121

histórica é especificamente medíocre, em razão da ausência de uma significação causal relativamente a uma história universal da civilização contemporânea" (ibidem, p.277).

De que maneira encontrar os eventos que foram significativos para a história universal da civilização? Como o historiador está impedido de formular as leis que presidem "o fluxo do devir incomensurável que corre sem cessar em direção à eternidade" (ibidem, p.171), a causalidade somente pode ser avaliada pela decomposição lógica dos elementos causativos do curso real dos acontecimentos. O efeito adequado, representado pelo resultado plasmado no "todo histórico concreto", deve ser relacionado a uma causa adequada que, por sua vez, é avaliada como tal "segundo nosso conhecimento, isto é, segundo regras da experiência" (ibidem, p.233), que permitem mostrar que, na ausência do elemento isolado como causa, o curso real dos eventos teria sido outro, provavelmente, como pudemos indicar no Capítulo 3.

Antes de mais nada, Veyne não está de acordo com esse procedimento, pois Weber privilegia no passado apenas alguns dados tidos como importantes, e não todo o campo acontecimental. Entretanto, o desacordo é ainda mais profundo. O princípio da imputação causal weberiana prende-se à totalidade histórica que resulta do envolvimento, em termos de significação cultural, entre o historiador e seu objeto; totalidade esta que reside, igualmente, no fundamento dos conceitos ideal-típicos, como se pôde observar (seção "'Ideal-tipo' como conceito limite", Capítulo 3). Ora, é justamente desse "momento" que procura esquivar-se Veyne. E é por isso que, para ele, a procura de causas concretas para efeitos concretos deve efetuar-se em registro diverso do estabelecido por Weber.

Weber demonstra que a causalidade e a dedução de leis operam segundo princípios lógicos heterogêneos, mas que existe cooperação instrumental entre eles no âmbito da imputação causal (ibidem, p.158). Veyne deseja, pelo contrário, que a causalidade e a sua generalização obedeçam a um princípio homogêneo que está mergulhado no campo acontecimental, pois uma lei deve ser um aspecto do acontecimento. E mais, a dita generalização, uma suposta lei, digamos, não pode ser convertida em um saber nomológico que é função da significação histórica. Uma generalização não pode ser abstraída do curso concreto dos eventos por referência a um fator como a relação a valores, pois o custo desta última é, segundo Weber, uma "explicação de acontecimentos e personalidades que se deixam 'compreender' e 'interpretar' diretamente por analogia com nossa própria essência espiritual" (ibidem, p.306).

Cumpre tratar mais detalhadamente a posição weberiana, a fim de que o contraste com a posição assumida por Veyne fique bem definido e deixe entrever o sentido para o qual aponta.

Ciências da natureza e história se aproximam devido aos respectivos procedimentos para generalização causal

O ponto de partida para a discussão da determinação de causas históricas diante de sua generalização possível é a comparação entre os procedimentos nas ciências naturais e nas ciências de caráter histórico. No quadro de confrontos que assim se estabelece, encontramos a definição de uma certa ótica para o conhecimento histórico e, relativa a ela, uma decisão sobre a generalização histórico-causal. Vejamos como Weber aborda essa questão.

Sempre que trata do problema da generalização na história, Weber tem em mente a analogia possível com as ciências da natureza. Com efeito, alerta para o fato de que as diferenças entre ambas não são tão categóricas quanto parecem. Enquanto as ciências procuram "relações quantitativas", à história interessa o "aspecto qualitativo", uma vez que seu fundamento científico diz respeito à compreensão por "revivescência" de fenômenos nos quais intervêm "motivos de ordem mental". Porém, mesmo nesse caso, é possível encontrar regularidades que, embora não sejam quantificáveis, tomam a forma de "regras de uma ação racional" (Weber, 1965, p.156-7).

Essa aproximação entre história e ciências da natureza, do ponto de vista da generalização da base empírica, está em claro desacordo com uma das posições definidas no interior da chamada "controvérsia dos métodos" relativa ao debate historicista, posição esta que tem nas palavras de Dilthey a sua melhor expressão: "A fundação em profundidade da posição autônoma das ciências do espírito diante das ciências da natureza ... reside em seu caráter incomparável com toda a experiência sensorial da natureza"

ENREDOS DE CLIO: PENSAR E ESCREVER A HISTÓRIA COM PAUL VEYNE 123

(1973, p.14). O diferendo levantado por Weber possui dois aspectos a serem realçados. Em primeiro lugar, em suas regras da experiência interessa menos a experiência sensorial de que fala Dilthey e mais a sua expressão lógica. Em segundo lugar, esse apelo à lógica não o torna um positivista lógico, posto que a determinação das regras da experiência tem como precedente uma operação de caráter teórico-conceitual.

Não obstante essas considerações, Weber e Veyne podem ser novamente aproximados quanto à observância dos limites entre os campos de competência das duas disciplinas. A história pode preocupar-se com o aspecto quantitativo dos fatos, já que a noção de lei pode ser alargada e receber a acepção mais fraca de regra; nesse caso, segundo Veyne, a história faz o papel de uma ciência social. Em contrapartida, algumas ciências da natureza, a exemplo da astronomia, recorrem ao aspecto qualitativo dos fatos, uma vez que se preocupam com "o efeito singular da ação destas leis (da mecânica) sobre uma constelação singular" (Weber, 1965, p.155).

Veyne também observa a intercambialidade entre ciências da natureza e história. Porém, ele a fundamenta em relação ao recorte que se faz sobre os fatos. A história se interessa, nos fatos, pela diferença do acontecimento. Weber, por sua vez, observa a questão em termos de "motivos de ordem mental", ou seja, na base de sua concepção de história existe uma definição do que seja a ação racional que cria os acontecimentos e sua teoria dispõe sobre a maneira mais adequada de acessá-la cognitivamente segundo procedimentos de ordem lógica. Assim, os fatos históricos não podem ser apreendidos como diferença nem podem ser deduzidos a partir de leis, mas a compreensão de sua "configuração real e, portanto, singular" pode ser auxiliada por uma analogia, ou seja, por meio de regras da experiência, com as ciências da natureza (ibidem, p.155).

Ponto de tangência entre saber nomológico e imputação causal

Para Weber, as regras da experiência são meios de conhecimento apenas, não a finalidade da investigação nas ciências históricas. E muito embora elas não possuam a validade rigorosa das leis, são "um trabalho preparatório certamente importante e útil" (Weber, 1965, p.158).

Pode-se conhecer acerca da realidade empírica, "infinita e incomensurável", somente fragmentos, isto é, constelações singulares cuja estrutura deve-se, em cada momento, à significação cultural atribuída segundo idéias de valor. Cada um desses "agrupamentos singulares" constitui objetos históricos significativos "ante nossos olhos". É justamente a ligação real e concreta de seus elementos que a história pretende explicar causalmente. O estatuto da causalidade, por conseguinte, acompanha o caráter de singularidade dos fenômenos históricos, pois as causas significativas, no interior do campo de todas as conexões causais possíveis, são "as que podem ser imputadas aos ... elementos 'essenciais' de um devir" (ibidem, p.163).

Porém, como pode o historiador saber o que é essencial em um devir, se o curso deste último escapa totalmente à sua apreensão cognitiva?

Dá-se que o conhecimento causal, isto é, a imputação de efeitos concretos a causas concretas, não pode tornar-se válido, segundo Weber, sem "o auxílio do conhecimento nomológico, isto é, sem o conhecimento da regularidade das conexões causais" (ibidem, p.164). No interior de uma constelação de fenômenos que recebem significação cultural, a questão de saber se os efeitos adequados são imputados com segurança a seus elementos causadores depende de um recurso do historiador à "sua imaginação nutrida pela sua experiência pessoal de vida e educada metodicamente" (ibidem). A imputação causal e, enfim, a causalidade histórica, dependem de uma sistematização desse conhecimento geral do historiador em regras que dizem respeito à regularidade familiar das conexões causais.

Em resumo, Weber deseja estabelecer o ponto de tangência entre dois circuitos diversos. O primeiro, a imputação causal, dirigida pela lógica férrea do princípio de não-contradição, como informa Freund (in Weber, 1965, p.482). E o segundo circuito, as regras da experiência, que controlam a imputação, auxiliando o historiador a "tomar consciência" dos níveis últimos que se manifestam nas situações históricas concretas; tal operação é "a última coisa que a crítica pode realizar sem se perder na esfera das especulações" (ibidem, p.126). Tênue ponto de tangência, que é também um ponto de passagem, pois procura trazer ao acesso do domínio lógico da causalidade um saber empírico que salva o conteúdo da realidade histórica da pura especulação. As regras, sistematizadas pelo saber empírico, são os únicos elementos que se revestem de importância para o conhecimento histórico, "no seio do devir mundial infinito e estranho a toda significação" (ibidem, p.166).

Ponto de passagem entre circuito
da causalidade e circuito do saber nomológico

Apesar dessas considerações, cabe admitir que permanece problemático o estatuto conferido por Weber às regras da experiência. Com efeito, se um fato concreto não é um simples registro de dados, já que se tornou objeto histórico pela significação cultural que lhe é conferida, os elementos essenciais de um devir, formalizados a fim de atribuírem validade ao objeto, necessitam de uma significação própria. O foco dessa significação, muito embora seja idêntico ao da anterior, isto é, a analogia do nosso espírito com o objeto estudado, deve possuir uma derivação e uma aplicação diferenciadas. Isso, para que a fundamentação do ponto de passagem entre o circuito da causalidade e o circuito do saber nomológico seja mantida – mantida certa assimetria – sem que o historiador seja deixado à mercê do domínio da especulação.

Contudo, como realizar tal articulação disjuntiva, posto que elas pertencem a circuitos diversos? Ora, a solução à questão dá-se no seguinte sentido: tanto a causalidade quanto as regras necessitam de um denominador comum conceitual. São necessários conceitos ideal-típicos a fim de que os elementos da realidade histórica considerados em cada caso recebam um padrão segundo o qual as diferenças do curso real dos eventos sejam avaliadas logicamente. O ideal-tipo, esse unificador, somente se torna o ponto de tangência, e de passagem, entre os dois circuitos, na medida em que pode ser aplicado segundo modalidades diferenciadas. Não obstante tal implicação, o fundamento de qualquer ideal-tipo será sempre "a significação cultural específica de relações históricas complexas" (Weber, 1965, p.197).

Ideal-tipo como fio condutor da generalização histórico-causal e globalidade causal

Até aqui se isolou o problema weberiano da relação entre causalidade (imputação causal) e generalização histórico-causal (saber nomológico), indicando que entre eles deve existir um denominador comum conceitual: o ideal-tipo. Vejamos como Veyne comporta-se diante dessa implicação teórica, uma vez que já observáramos suas reservas em relação à utilização do ideal-tipo como conceito histórico (Capítulo 3).

O encadeamento entre causa e efeito pode ser estabelecido de acordo com ideal-tipos cujo aspecto essencial é, segundo Weber, serem "conceitos abstratos de relações que nós representamos como realidades estáveis no fluxo do devir" (Weber, 1965, p.197). Nesse caso, o que interessa é simplesmente a individualidade da situação histórica que permita explicá-la causalmente. Entretanto, no caso das regras de experiência, ainda que elas sejam igualmente extraídas do fluxo do devir, é preciso que sejam representadas por ideal-tipos que, além da individualidade histórica, reúnam as "condições típicas" do desenvolvimento histórico; estes são ideal-tipos de desenvolvimento.

Vê-se, pois, que a cooperação entre as duas modalidades de ideal-tipos, ao formar um sistema binário de conceitos, permite imputar uma causa a um efeito, segundo a causalidade adequada, justamente porque é, simultaneamente, "o meio de fazer metodicamente uma imputação válida de um desenvolvimento histórico a suas causas reais" (ibidem, p.198).

Naturalmente, a relação do ideal-tipo de desenvolvimento com o conteúdo do devir torna-o o elo mais frágil do sistema de conceitos destinados à compreensão da realidade histórica. Devido à modalidade de sua estrutura formativa, ele é o conceito cuja utilização pode resultar na confusão entre ideal-tipo e história. É sintomático, mesmo, que Weber, ao tratar do ideal-tipo de desenvolvimento, esteja, a todo momento, reiterando o caráter irreal desse conceito, como se o historiador tivesse de visualizá-lo constantemente, a exemplo de um *teleprompter*, para que não caísse em erro misturando conceito e realidade. Se assim fosse, ficaria

ENREDOS DE CLIO: PENSAR E ESCREVER A HISTÓRIA COM PAUL VEYNE   127

entregue ao terreno da especulação e deturparia irremediavelmente o trabalho de explicação causal.

Para Veyne, a generalização das causas globais é sempre uma globalidade causal que as resume. E sua imputação, para utilizar a terminologia weberiana, não se deve a regras gerais da experiência e sim a um índice que reúne a multiplicidade das séries. Mas, se é assim, o problema apresentado por Weber, em certo sentido, permanece válido. Se a generalização ou globalidade causal pertence às intrigas concretas, o que torna uma delas geral, o que torna uma delas global? E a questão se torna tanto mais aguda quando se sabe que, nesse caso, o conceito não é apenas um meio de conhecer; ele procura resgatar a atmosfera que circunda os acontecimentos, isto é, o sentido das séries no campo acontecimental. Enfim, como o historiador veyniano pode encontrar esse sentido, se ele não pode dispor de um ideal-tipo que diferencie conceito de realidade?

"Esfera compreensiva" e generalização histórico-causal

Evitando a dualidade entre causalidade e verificação causal

Do que ficou exposto nos parágrafos precedentes, é necessário que se toque num ponto essencial a fim de que se prossiga na busca da resposta à questão que lá ficou. Observou-se que a causalidade adequada e a sistematização de regras da experiência são apreendidas, antes de mais nada, por relações compreensivas que se estabelecem entre sujeito e objeto do conhecimento.

Quanto a esse aspecto, é preciso salientar a recíproca que aí reside. Pois a compreensão histórica, por meio da significação cultural, sugere conexões causais ou generalizações sobre o curso do devir cujo grau de probabilidade objetiva precisa ser testado em confronto com os próprios fatos. Uma vez isolado pela compreensão um fato como elemento causativo em relação aos demais elementos, é preciso verificar o peso da sua significação causal, reconstituindo o resultado conhecido da situação histórica em sua ausência.

Há, por conseguinte, independência e solidariedade entre o método compreensivo e o método de verificação causal. A solida-

128 HÉLIO REBELLO CARDOSO JR.

riedade entre dois procedimentos independentes estabelece-se a partir da elaboração de conceitos ideal-típicos (Aron, 1969, p.251-2). Sendo assim, um meio para se ultrapassar a já referida dualidade entre conceito e realidade e, subordinada a esta primeira, a dualidade entre generalização histórico-causal e causalidade, pode ser dado se for redefinida a função da relação compreensiva, base do conceito e da generalização, diante da verificação causal. Aron faz uma pergunta bastante precisa a esse respeito: "Uma relação compreensiva necessita, para adquirir dignidade científica, de uma verificação causal?" (1948, p.337; 1971, p.1331-2).

Vê-se, pois, qual é a dificuldade colocada por essa indagação. Se a relação de compreensão é isenta do parâmetro da verificação causal, ela não seria expresssa apenas por uma multiplicidade de interpretações possíveis sem que se pudesse encontrar, entre elas, uma interpretação mais provável do ponto de vista lógico?

A resposta será negativa se, como diz Aron, "o historiador se esforça para provar que sua interpretação está de acordo com os documentos" (1948, p.338). A verificação lógica, portanto, dispensa o rigor da causalidade; para o historiador, ela dá-se em um nível bem menos ambicioso, ou seja, na conformidade de seu relato com os acontecimentos documentados. Bem, mas não se trata, nesse caso, do foco da compreensão, e sim de uma reprodução fiel do documento, simplesmente. A não ser que a validade que a interpretação possa adquirir seja elaborada imediatamente a partir da própria documentação.

De fato, se o historiador pode elaborar progressivamente tal interpretação no contato com os dados de que dispõe, somente poderá chegar a conceitos e generalizações tendo como parâmetro os motivos mais freqüentes e mais característicos que guiam a consciência dos atores, sem necessidade de que sejam posteriormente verificados.

Sendo assim, cumpre assinalar que é bastante restrito o alcance das generalizações e dos conceitos, segundo a concepção de compreensão estabelecida por Aron. Se a "interpretação compreensiva" resulta dos fatos ou dos documentos, só é possível explicar situações singulares. As "relações gerais" (leis e regras) são estabelecidas independentemente da etapa anterior, simplesmente por meio da gene-

ENREDOS DE CLIO: PENSAR E ESCREVER A HISTÓRIA COM PAUL VEYNE

ralização estatística dos dados; operação cuja finalidade é confirmar as "regularidades" encontradas na interpretação dos documentos.

Esfera compreensiva:
"combinação de relações necessárias e condutas inteligíveis"

Eliminada a dualidade metodológica entre generalização e causalidade, afirma-se, no entanto, a sua interpenetração intrínseca. As generalizações passam a ser obtidas a partir dos próprios acontecimentos, isto é, a partir de situações singulares cuja inteligibilidade envolve a própria causalidade. Dessa maneira, por outro lado, as generalizações que se referem a conexões causais são rebaixadas à sua expressão estatística quando estabelecidas por meio de um método causal exterior à compreensão, isto é, cuja função é fornecer comprovação empírica. Na verdade, este último tipo de generalização assume um papel secundário, pois é posterior, e não necessariamente, à etapa compreensivo-interpretativa da investigação; quer dizer, ele somente se torna indispensável, diz Aron, "quando o sociólogo pretende estabelecer regras ou leis" (1948, p.339).

Encontrar regularidades é uma operação que se configura em um plano diverso daquele em que a operação se define pela busca de leis ou regras. O historiador, portanto, adquire maior flexibilidade em seu trabalho. Pode encontrar regularidades que se acham nos próprios acontecimentos; pode procurar leis ou regras, mas não sem antes dedicar-se à tarefa anterior, fundamental.

Mas, se o contato direto com os acontecimentos permite encontrar regularidades a partir de singularidades, qual o mecanismo teórico que lhe confere esse trajeto?

Antes de mais nada, é necessário que haja identificação entre sujeito e objeto no ato do conhecimento de modo que se forme uma esfera compreensiva a partir da qual a interpretação seja possível. Nesse nível, o acesso ao objeto implica somente uma pluralidade de "racionalizações retrospectivas" e de "determinismos fragmentários". Porém, justamente, a regularidade histórica que se pode extrair reside no próprio real, pois a compreensão do historiador encontra aí a "combinação de relações necessárias e de condutas inteligíveis". Não é necessária a elaboração de uma esfera lógica para tornar inteligível o real; a causalidade não é adequada segundo regras formais, pois no real, afirma Aron, há "combinação da compreensão e da causalidade" (ibidem, p.343).

Os agentes históricos, em cada uma de suas ações, fornecem um amálgama entre condutas, que respondem praticamente a situações vividas, e limitações, condicionamentos, através dos quais, lembra Veyne, "sua época se exprime" (1983, p.27). Em outras palavras, nos próprios acontecimentos, encontram-se perspectivas peculiares a cada época histórica. Tal conjunção permite ao historiador ter acesso a "subsistemas" nos quais se encontra uma regularidade que dispensa o saber nomológico. Quanto a essa questão, Granger diz que uma ação, uma "obra", é mais que a configuração de seus condicionamentos, já que estes últimos não podem ser postulados além da experiência vivida (1961, p.137-8). Com efeito, o sentido objetivo de uma regularidade é encontrado no próprio real, pois mesmo que se considere a dispersão subjetiva das condutas individuais, há um sentido não dogmático que faz parte da "lógica imanente da conduta real", como indica Aron (1969, p.243).

Generalização histórico-causal como fruto da inteligibilidade intrínseca ao acontecimento

Observou-se que Aron logrou implantar o foco de determinação da causalidade no próprio acontecimento. Cumpre, em seguida, indicar como é possível, a partir daí, elaborar uma noção de generalização histórico-causal cujo foco também seja o acontecimento.

Sendo assim, as regularidades de maior alcance, isto é, aquelas que atravessam diversos subsistemas e que, por isso, delineiam o desenvolvimento histórico, podem ser extraídas, igualmente, por "referência à necessidade interna das relações inteligíveis", como diz Aron (1948, p.317). Somente a combinação entre compreensão e causalidade, que está na base dos subsistemas, permite a análise e a comparação entre eles, na busca de regularidades mais amplas.

É necessário, portanto, que o historiador encontre entre os acontecimentos uma "inteligibilidade intrínseca" que não seja incompatível com a necessidade que estabelece entre eles um liame

ENREDOS DE CLIO: PENSAR E ESCREVER A HISTÓRIA COM PAUL VEYNE   131

constante. Tal inteligibilidade intrínseca pode ser entendida como uma elaboração superior da compreensão destinada a subordinar e coordenar a inteligibilidade imediata que fragmentava a compreensão em uma multiplicidade de interpretações. A inteligibilidade intrínseca, diz Aron, é "ao mesmo tempo superior aos indivíduos e imanente a seu agrupamento, desconhecida da consciência individual e, talvez, ligada ao espírito humano" (ibidem, p.323).

Em suma, obedecendo a esse procedimento teórico, o historiador é capaz de estabelecer um tipo de regularidade histórica que não é exterior à compreensão que ele tem do objeto, isto é, que não seja resultante de uma análise causal identificada com a compreensão lógica. Dessa maneira, a causalidade encarna uma acepção "especificamente histórica", pois ela atinge o coração do acontecimento, identificando aí, conforme Aron, "forças anônimas que nascem de reações e de relações sociais, ao mesmo tempo previsíveis e não intencionais" (ibidem, p.341).

Veyne deseja atingir uma concepção de generalização histórico-causal semelhante. Entretanto, não pode admitir a interferência da esfera compreensiva, posto que, antes de mais nada, uma relação cognitiva dessa espécie constrangeria a liberdade de reconstituição em que se fundamenta a causalidade global.

Sendo assim, é necessário observar, também, se, ao procurar escapar ao postulado de interseção entre sujeito e objeto do conhecimento, Veyne não se deixaria cooptar pelo empirismo lógico.

Empirismo lógico e empirismo via conceitos

"Leis gerais" como princípio da generalização da base empírica

Como foi possível observar, por razões que definem seu percurso teórico, Veyne aproxima-se mais ou menos de Weber e Aron de acordo com a solução que cada um deles oferece à questão da causalidade histórica e de sua generalização possível. Porém, ele rejeita nessas soluções, frontalmente e em seus pormenores, o postulado do encontro das essências análogas do sujeito e do objeto no conhecimento histórico. Ora, que saída pode ser proposta para essa questão, levando-se em conta as indicações dadas por Veyne?

Observando-se o caráter dessa rejeição, nota-se que o posicionamento de Veyne está de acordo com o objetivo geral do empirismo lógico, segundo o qual algumas teorias das ciências humanas, como as de Weber e Aron, são inaceitáveis como explicação científica. Isso acontece porque, nas palavras de Hempel, a conexão entre os eventos é apresentada por meio de "analogias vagas" e de "plausibilidade intuitiva" (1965, p.233-4). Muito embora seja correta tal aproximação programática, nota-se que, quanto à solução oferecida, há um distanciamento radical. Enquanto Veyne persegue a elaboração conceitual que complemente a explicação causal, Hempel toma a via de um empirismo baseado em leis gerais.

Com efeito, para Hempel, a conexão de tipo causa-efeito entre dois eventos somente pode ser deduzida, partindo-se de afirmações comprováveis empiricamente. A generalização histórico-causal, *grosso modo*, relaciona proposições lógicas à verificação empírica. Para tanto, tais proposições precisam adquirir o aspecto formalizado de uma lei geral que indique a ligação entre os dois eventos em questão. Uma lei geral é, na verdade, um grupo de hipóteses universais bem confirmadas de acordo com as provas a nosso alcance e cuja validade é limitada por outro grupo de proposições: as "condições determinantes" (ibidem, p.232).

É importante destacar que, programaticamente, a lei geral, quanto a sua forma lógica, propicia a unidade das ciências empíricas, posto que sua função, tanto na história quanto nas ciências naturais, é perfeitamente análoga.

No entanto, acontece que, em se tratando de proposições históricas, será muito difícil formalizar as hipóteses aventadas em leis gerais perfeitas. Dá-se que tais proposições não possuem um enunciado que seja preciso a ponto de ligar explícita e univocamente as hipóteses aos dados que as comprovam. Elas subentendem uma "regularidade geral" cujo conteúdo só se pode reconstituir muito aproximadamente. Nesse caso, a lei geral terá um caráter incompleto, pois, se o fator explicativo do evento não pode ser determinado com toda a precisão, então as hipóteses universais necessitam apelar à "experiência diária", isto é, ao que é "familiar a toda gente".

Assim, as generalizações histórico-causais certamente configuram uma lei geral; porém dado o perfil pouco definido de seus

ENREDOS DE CLIO: PENSAR E ESCREVER A HISTÓRIA COM PAUL VEYNE   133

termos, as deduções que o historiador chega a formular com apoio nela são baseadas em informações de ordem tácita, já que, como diz Hempel, "se se explicar uma ... revolução em função do crescente descontentamento ... em face de certas condições determinantes ... dificilmente nos encontraremos em condições de afirmar as proporções e as formas específicas que esse descontentamento há de apresentar" (ibidem, p.237).

Incompletude da lei geral em história: esboços de explicação

A lei geral, portanto, unifica o conhecimento histórico a outros ramos do saber, mas a sua aplicação na pesquisa histórica demonstra seu caráter incompleto. No entanto, o que propõe Hempel para capitalizar esse suposto defeito em favor da confirmação da lei geral como válida para o trabalho do historiador?

Quando o historiador empirista-lógico percebe a incompletude de suas explicações históricas, diz Veyne, ele está a meio caminho da ciência, pois esta exige que a "máxima cotidiana" seja convertida em lei científica (1971, p.200). Portanto, o trabalho do historiador não termina aí.

Pode-se pensar se o caráter incompleto das hipóteses universais em história não seria superado pelo recurso à explicação probabilística ou estatística. Sim, pois, dessa maneira, as explicações ganhariam um índice tendencial pelo qual poderiam firmar sua validade.

Para Hempel, como a problemática da interseção sujeito-objeto deve ser descartada de saída, o recurso à probabilidade é logo reduzido à sua inutilidade. Ocorre que as hipóteses apresentadas pela explicação, nesse caso, não podem ser claramente indicadas, já que "o valor das probabilidades em causa será, no melhor dos casos, muito imperfeitamente conhecido" (1965, p.238). Com efeito, essa não é a saída para o caráter incompleto das leis gerais em história; pelo contrário, é somente a sua confirmação.

A pesquisa empírica é a única forma de tornar uma lei geral incompleta em uma explicação perfeita. Quer dizer, as análises explanatórias de eventos históricos são, inicialmente, "esboços de explicação" que devem ser preenchidos pela descoberta de novos dados que capacitem o historiador a chegar à arte-final. O esboço de explicação indica a direção da pesquisa a fim de que afirmações mais específicas venham a confirmar ou a infirmar a explicação proposta. A solidez desta última, por conseguinte, somente poderá ser avaliada se se "tentar reconstituir tão completamente quanto possível o argumento constitutivo da explicação ou do esboço da explicação" (ibidem, p.238).

Nesse ponto, o posicionamento empirista-lógico e o veyniano se encontram novamente: a generalização histórico-causal deve ser extraída dos fatos, mas seus motivos e conseqüências a partir daí são radicalmente diversos.

Empirismo regenerado pelo conceito

Destacou-se, inicialmente, que esse procedimento visando ao detalhamento das proposições lógicas formadoras de uma lei geral acaba por redundar na operação básica que deve ser realizada por todo historiador, qual seja, a descrição dos acontecimentos, como foi assinalado anteriormente (neste capítulo). Assim, segundo o posicionamento de Veyne, pode-se inferir que o empirismo lógico aponta como finalidade aquilo que, na verdade, é o todo da investigação histórica. A descrição histórica não precisa atender ao princípio de preenchimento das leis gerais. A história "conta como uma maçã caiu da árvore: a maçã estava madura, ou o vento estava forte e um golpe de ar sacudiu a macieira" (Veyne, 1971, p. 201). Simplesmente descrição, sem necessidade de se tomar como ponto de partida uma lei geral que explique a queda da maçã como explicaria a queda de qualquer corpo.

O método hempeliano implica, enfim, que a explicação causal generalizada precisa de uma descrição empírica que a comprove. Para Veyne, em vez de uma hierarquia de operações que se alimentam reciprocamente, logra-se o mesmo efeito com a simultaneidade entre generalização e descrição. A própria descrição é resposta a um questionário que amplia conceitualmente a visão do historiador, e não um repositório da verificação empírica.

A mesma contraposição pode ser observada no que diz respeito ao estatuto débil atribuído à tarefa de conceituação pelos empiristas lógicos. A explicação mediante um conceito é, na verdade,

ENREDOS DE CLIO: PENSAR E ESCREVER A HISTÓRIA COM PAUL VEYNE   135

uma explicação mediante hipóteses universais que contêm o próprio conceito. Quer dizer, o conteúdo cognitivo de um conceito é dado, novamente, pela comprovação factual de hipóteses. O conceito não assume, na investigação histórica, nem uma função diretora nem uma função mediadora. O conceito deve, pelo contrário, submeter-se ao regime da lei geral como qualquer um dos componentes a ela adstritos. A descrição histórica não é uma exposição via conceitos que resgatam o caráter diferencial do acontecimento e que, portanto, revelam a estrutura do campo acontecimental.

Por seu turno, Veyne define para o conhecimento histórico um empirismo cujo foco é a busca, pelos conceitos, das condições concretas de constituição de um acontecimento e não a verificação empírica do imediatamente dado.

TAREFA TEÓRICA VI:
FUNÇÃO DO CONCEITO DEFINIDA DE ACORDO COM A MODALIDADE DE GENERALIZAÇÃO DA BASE EMPÍRICA

Os diferentes regimes conceituais e a função cognitiva do conceito histórico

Resumindo o item anterior, pode-se observar que as relações entre a generalização das explicações e a causalidade se estabelecem de acordo com o caráter atribuído à utilização dos dados empíricos. O real pode ser o domínio no qual se delimitam relações significativas; pode ser o amálgama de relações compreensivas e causalidade; pode ser, ainda, a fonte de verificação empírica. Constatou-se, também, que, em cada caso, o recurso à conceituação definia-se como meio de conhecer; como objetivo do conhecimento; e, por fim, como submetido à verificação empírica.

Por isso, é necessário observar daqui em diante que as várias formas pelas quais são concebidos diferentes regimes conceituais, isto é, a maneira pela qual um conceito apreende a base empírica, relaciona-se com as modalidades de generalização desses mesmos dados.

A pertinência de tal questão torna-se evidente se destacarmos o ponto de vista de Veyne a esse respeito. A generalização das séries precisa ser elaborada a partir dos próprios acontecimentos. Porém, como a função de destacar a individualidade e diferença dos acontecimentos é uma função conceitual, a própria generalização dos acontecimentos dá-se, igualmente, por meio do regime conceitual. Como foi afirmado, o mesmo princípio que guia a conceituação deve guiar a generalização da base empírica (neste capítulo).

Essa problemática veyniana pode ser formulada por outra perspectiva, levando-se em conta que, em comparação com os demais, o regime conceitual proposto por Veyne é, à primeira vista, um híbrido. Com efeito, o conceito é um meio de conhecer, pois ele aguça a visão do historiador desvendando-lhe o acontecimento, embora não vincule a condição de visibilidade às relações significativas; o conceito é um objetivo do conhecimento, já que é a única maneira de apreender a diferença acontecimental, mas isso não o torna apanágio das relações compreensivas entre sujeito e objeto; enfim, o conceito expressa-se empiricamente, em dados constatáveis a olho nu, embora tal característica não o torne dependente da comprovação factual.

O conceito histórico, assim delimitado, apresenta dois caracteres básicos. Em primeiro lugar, a sua funcionalidade cognitiva é múltipla. Em segundo lugar, e conseqüentemente, a generalização da base empírica que ele é capaz de elaborar é diversa, pois rejeita os fundamentos sobre os quais assentam-se os demais regimes conceituais abordados.

Vejamos, em seguida, de forma detalhada, certas modalidades de relacionar o conceito à base empírica, de modo a constituir, por contraste, as características de conceito histórico para Veyne.

O conceito como vínculo de hipóteses gerais com sua testabilidade

Redução do conceito a um dublê de teoria cuja expressão é um sistema de hipóteses gerais

Assim como no que se refere à causalidade histórica, o que o empirismo lógico detecta e critica no trabalho conceitual das ciências sociais é o papel significativo, e até fundamental, conferido ao

ENREDOS DE CLIO: PENSAR E ESCREVER A HISTÓRIA COM PAUL VEYNE   137

fator subjetivo. O caráter ideal de um conceito, identificado com sua construção via fator subjetivo, acabaria por hipertrofiar-se, subsumindo o seu caráter empírico, isto é, a sua relação com os dados fornecidos pela experiência. Sendo assim, como reverter essa situação a partir de procedimentos lógicos?

O conceito histórico deveria reforçar sua face hipotética em detrimento da interpretação subjetiva de relações significativas, de modo que eles "representem não conceitos propriamente ditos, mas teorias" (Hempel, 1965, p.162). E mais, o maior peso atribuído ao caráter empírico da formação de um conceito demonstraria que "as diferenças alegadas entre o uso explanatório de conceitos em história e o método de explicação na ciência natural são espúrias" (ibidem).

A relação cognitiva entre sujeito e objeto não é suficiente para garantir a validade objetiva da explicação histórica. Esta última precisa ter como foco hipóteses que são testadas por meio de experimentos imaginários. Esse procedimento, indicando o caminho da testabilidade factual, será suficiente, para Hempel, se não basear-se apenas na intuição para fixar conexões regulares (ibidem, p.164). A experiência passada e sua regularidade não podem ser tomadas como se fossem verdades a *priori*. Devem servir como "guias sugestivos" para a confirmação da explicação, mas não são instrumentos teoricamente válidos, uma vez que não tornam explícitos todos os dados subjacentes às regras da experiência. Nesse sentido, somente podem fornecer explicações teoricamente incompletas.

A função do método intuitivo de Weber é, segundo Hempel, heurística, ou seja, auxilia na descoberta de conexões regulares no interior do "processo social". Essas conexões são incorporadas pelo conceito e servem como base de sua competência explicativa.

Os "experimentos imaginários" podem apenas sugerir hipóteses que, posteriormente, necessitam ser submetidas a testes apropriados (ibidem, p.165). Isso significa que as regras da experiência devem tornar-se leis gerais pelas quais o resultado de um "experimento imaginário" possa referir-se empiricamente às condições de sua ocorrência e possa ser deduzido a partir de hipóteses gerais. Nesse caso, o experimento imaginário integra-se a um contexto

138 HÉLIO REBELLO CARDOSO JR.

teórico, básico em qualquer ciência empírica. O método intuitivo é insuficiente, na medida em que não constrói condições de dedutibilidade das hipóteses que aduz.

As conexões estabelecidas entre os fatos não podem restringir-se apenas à função prospectiva que era reservada ao conceito. Quer dizer, o conceito, ao ligar-se a um sistema de hipóteses gerais, perde seu caráter propriamente conceitual, ao qual pertence o ônus subjetivo das relações compreensivas (esfera compreensiva), e transforma-se em um "sistema teórico" no qual aquelas conexões são estabelecidas rigorosamente a partir de sua comprovação empírica (ibidem, p.168).

Portanto, a questão gira em torno do alcance da função heurística do conceito. Como já se observou, Veyne define-a como uma etapa na busca de conceitos históricos, isto é, a conceituação histórica indica a necessidade de um mecanismo que rastreie a lógica dos acontecimentos. Ao contrário, para o ponto de vista empirista lógico, o conceito histórico, como tem sido concebido pela teoria da história, é um procedimento rudimentar que precisa ser depurado, de maneira a torná-lo não um esboço imaginário, mas uma explicação científica completa.

Conceito histórico e cláusula *ceteris paribus* complacente

A crítica do empirismo lógico, portanto, incide sobre o suposto subjetivismo que macularia a conceituação em história. Pelo menos para Hempel, esse subjetivismo viciaria as relações lógicas entre conceito e base empírica, de modo que se impõe a questão: de que maneira restaurar logicamente essas relações?

A principal fraqueza do conceito histórico é, segundo Hempel, vir a tornar-se um "esquematismo conceitual vazio" que não dê conta da explicação dos fenômenos históricos. Tal anomalia acontece quando um determinado conceito P, sempre acompanhado de uma determinada característica Q, não explicita as condições de ocorrência da implicação entre o conceito e sua característica (Hempel, 1965, p.167-8).

Assim, toda vez que uma ocorrência de P não for acompanhada de uma ocorrência de Q apela-se para o argumento de vio-

ENREDOS DE CLIO: PENSAR E ESCREVER A HISTÓRIA COM PAUL VEYNE   139

lação da cláusula *ceteris paribus*. Ao surgir um dado empírico diferente de Q, não foi o conceito que perdeu seu poder explicativo, mas sim as condições de ocorrência de ambos que foram alteradas. Este álibi, portanto, torna a implicação irrefutável, bem como o conceito vazio empiricamente. Não ficando claros quais fatores devem permanecer constantes a fim de que se possa inferir Q, então a ocorrência dessa característica é tão improvável quanto qualquer outra.

Por esse aspecto, confirma-se a necessidade de subsunção ou transformação do conceito em uma teoria entendida como sistema de hipóteses gerais, porque um sistema teórico só se torna explicativo, diz Hempel, "se foi dada uma interpretação empírica a seus conceitos ... de modo que eles sejam relacionados a fenômenos observáveis" (ibidem, p.170).

Veyne procura indicar, igualmente, que o conceito histórico não pode perder-se nas tramas da abstração. Ele precisa ser representativo da base empírica que tem pretensão de explicar; não deve tornar-se um conceito cujas características empíricas sejam definidas *a priori*, de modo que o rigor de sua funcionalidade seja construído sobre o vácuo. Ao mesmo tempo, este novo perfil do conceito histórico não significa seu monitoramento por uma teoria que se estabelece por meio de hipóteses testáveis.

A tarefa da conceituação, diz Veyne, é "explicar os acontecimentos" por meio da explicitação do "não-pensado e ... apenas vagamente concebido ou mal pressentido" (Veyne, 1983, p.15). Os acontecimentos não são apenas fontes de verificação, mas o material que precisa ser explicado.

Mantém-se, portanto, um vínculo muito genérico com o empirismo lógico, no sentido de que o conceito está muito próximo da base empírica; os dados, individualmente, devem corresponder ao seu poder explicativo. Simultaneamente, o conceito precisa resguardar sua função iluminista, que é a de lançar luz sobre elementos não dados pelos próprios acontecimentos. Nesse caso, o poder explicativo prende-se à capacidade de abstração, pois "cada conceito que conquistamos refina e enriquece nossa percepção do mundo; sem conceitos, nada se vê" (ibidem, p.30) (tivemos oportunidade de tratar dessa questão com vagar no Capítulo 3.

140 HÉLIO REBELLO CARDOSO JR.

Dada essa fusão de quesitos aparentemente contraditórios, seria necessário encontrar uma formulação que indicasse a possibilidade de sua convivência. Por isso é que Veyne afirma que a atitude científica para a história somente pode ser definida na medida em que seus conceitos constituintes cumprem a tarefa de explicar individualizando (ibidem, p.31).

O conceito e as condições gerais do desenvolvimento histórico

Insuficiência dos conceitos genéricos diante dos conceitos ideal-típicos

Pois bem, vimos como o empirismo lógico de Hempel consegue enfrentar a problemática posta pela conceituação em história, subsumindo-a à questão da legalidade científica. Observaremos, em seguida, que Weber tem sua própria maneira de conceber a relação entre conceito e base empírica. Em seu caso, no entanto, a função cognitiva do conceito se aproxima bem mais de seu perfil clássico, isto é, revelar relações não fornecidas imediatamente pelos dados. Sabemos que esse, igualmente, é o objetivo de Veyne quanto à conceituação em história. Mas qual o ponto de discordância entre Veyne e Weber especificamente quanto a esse assunto?

Assim como as leis históricas (hipotéticas), o conceito, para Weber, é tão-somente um meio heurístico (Weber, 1965, p.159). O historiador, em sua investigação, elaborará, por exemplo, o conceito de troca monetária. Para tanto, iniciará um "trabalho preliminar" de reunião das características gerais desse fenômeno histórico, encontrando a sua "essência geral".

No entanto, a formação de conceitos genéricos, por mais precisa que possa ser, é incompleta, já que ela não responde por que a troca monetária tornou-se objeto de um conceito. Existe, por conseguinte, um pressuposto que instaura o próprio fenômeno como histórico e que não é tomado em consideração pelo conceito genérico. Em outras palavras, um conceito como esse não esclarece uma questão mais profunda; ele não explica por que a troca mone-

ENREDOS DE CLIO: PENSAR E ESCREVER A HISTÓRIA COM PAUL VEYNE   141

tária foi escolhida como foco de atenção entre tantos outros objetos potenciais para a história econômica.

Acontece que a troca monetária tornou-se digna de ser conceituada, na medida em que comporta elementos significativos para
nossa civilização. Certamente, pode-se encontrar a essência desse
fenômeno em muitos casos históricos, em outras civilizações. Mas
o que importa é uma operação conceitual mais fina, ou seja, que
tenha como ponto de partida o pressuposto que torna o dado empírico um objeto, isto é, a "significação cultural da situação histórica", como diz Weber (1965, p.162).

Esse novo patamar da investigação histórica visa observar, por
exemplo, por que nossa civilização material e social difere da Antigüidade, embora apresente com ela uma série de características gerais em comum. Sendo assim, o genérico está aquém das exigências
de um conhecimento que se queira objetivo, pois "o que procuramos alcançar é precisamente o conhecimento de um fenômeno
histórico, isto é, significativo em sua singularidade" (ibidem).

Contudo, o conceito que parte da significação cultural depende da extrema variedade de pontos de vista pelos quais cada indivíduo observa os fenômenos históricos. Em outras palavras, o conceito não é uma cópia do real, mas apenas um quadro abstrato de
relações ideais construídas pelo pensamento, cuja eficácia somente pode ser atestada no seu confronto com os dados empíricos.
"Medir a realidade", diz Weber, "ser um conceito limite, eis a primeira das funções do ideal-tipo" (ibidem, p.185).

Além disso, o ideal-tipo é um conceito genético, no sentido de
que ele reúne determinadas características consideradas essenciais
do ponto de vista da significação cultural. Segundo esse aspecto, o
conceito apreende a singularidade histórica de um fenômeno,
aquilo que o torna diverso de todas as outras singularidades.

De acordo com tal caracterização, o papel do conceito é explicitar a singularidade. No entanto, nem todo acontecimento possui
um significado capaz de trazer consigo sua singularidade, pois a
simples individualidade (diferença) não é capaz de reunir os elementos necessários para a formação de um ideal-tipo.

O ideal-tipo weberiano escapa à acepção clássica do conceito
segundo o esquema *genus proximum* e *differentia specifica* (gené-

rico), para tornar-se um conceito auxiliar que mantém com a realidade a distância requerida por sua função heurística e, portanto, torna-se representativo tão-somente de uma individualidade abstraída, isto é, construída logicamente por um pensamento que valoriza o real culturalmente. Procedendo dessa maneira, o conceito não explica a individualidade no próprio acontecimento, como deseja Veyne; serve apenas para rastrear a lógica de acontecimentos significativos em um devir.

Relação a valores como formadora de ideal-tipo e como objeto de ideal-tipo

O procedimento de conceituação em história, para Weber, possui, assim como quer Veyne, um mecanismo para captar a singularidade do objeto histórico. No entanto, esse mecanismo é concebido de tal forma que a singularidade captada não é a do acontecimento marcado pela diferença temporal.

O ponto de partida que caracteriza o ideal-tipo é a subjetividade valorativa do historiador; no entanto, essa "introspecção" somente pode tomar uma forma lógica, na medida em que pode fornecer um quadro ideal comparativamente às "sínteses confusas que se encontram prontas no espírito dos homens históricos" (Weber, 1965, p.194).

Para que haja a própria possibilidade de comparação, isto é, para que o ideal-tipo funcione como conceito-limite, é preciso que existam certas relações gerais entre os elementos difusos da realidade histórica e "os elementos ... a partir dos quais se pode construir, por abstração, o ideal-tipo correspondente" (ibidem, p.189).

O ideal-tipo, ao tomar individualidades históricas como a batalha de Maratona, as trocas monetárias ou o capitalismo, de fato, aproxima-se mais ou menos de idéias que tiveram existência real e governaram os homens em sua ação e em seu pensamento. A relação vale também no sentido inverso, posto que, diz Weber, "acontece que um ideal-tipo ... tenha efetivamente passado pelos olhos dos contemporâneos (de uma dada época) como o ideal que eles se esforçavam por alcançar na prática ou, ao menos, como a máxima destinada a regular certas relações sociais" (ibidem, p.188).

ENREDOS DE CLIO: PENSAR E ESCREVER A HISTÓRIA COM PAUL VEYNE   143

Além disso, o ideal-tipo deve ser um conceito genético, ele indica que a origem do objeto conceituado reside na própria relação a valores. Claro, pois a mediação entre ideal-tipo e base empírica depende da subjetividade valorizante do historiador. E mais, a partir dela são delimitadas relações causais significativas em meio a todas as possíveis. Mas as próprias idéias de valor são condicionadas historicamente e, conforme Weber, "permanecem incompreensíveis enquanto não se conhecem as condições gerais ... ou enquanto são negligenciados os problemas que se colocavam à época" que as fizera nascer. As idéias de valor têm um "significado universal" pois elas delimitam individualidades históricas independentemente de sua significação causal, isto é, da importância de determinadas situações históricas para o desenvolvimento de nossa civilização (ibidem, p.266, 270).

Contudo, pode-se pensar no caso-limite. Quando a individualidade configurada pelo ideal-tipo são as próprias leis do desenvolvimento histórico, como se estabelece o papel mediador da relação a valores?

Nesse caso, a relação poderá ter também sua significação causal avaliada em comparação com o curso real dos eventos. Entretanto, não se trata aqui de qualquer objeto histórico (individualidade) nem de qualquer causa histórica. A significação universal da idéia de valor, ao configurar as condições gerais do desenvolvimento histórico, precede a uma significação causal na "experiência vivida imediata", isto é, não é um momento de deliberação nas ações humanas, pois, diz Weber, "a aparição de um efeito não se deixa estabelecer a partir de um momento dado, mas desde toda eternidade" (ibidem, p.321).

Em suma, a conceituação histórica, em sua acepção weberiana, possui um determinado mecanismo de relacionamento com a base empírica que visa à singularidade do acontecimento, entretanto não parte dela.

Constantes trans-históricas e diferença

Conceitos: constantes que individualizam

Como se pôde constatar, para Weber, a causalidade não basta a si mesma. Ela é, desde o princípio, englobada por uma compreensão cuja expressão é a tradução conceitual do real, como afirma Aron (1948, p.340). Embora Veyne esteja de acordo nesse aspecto, deve-se, no entanto, elaborar conceitos diferentes do ideal-tipo, isto é, cuja função precípua não seja apenas heurística. O conceito deve ser intrínseco ao real e para tanto deve resolver-se no duplo registro do acontecimento histórico. De um lado, ele precisa exprimir o caráter objetivamente limitado de toda realidade social. De outro, cabe ao conceito discernir claramente a realidade social que "é confusa em nossa representação" (Veyne, 1983, p.27), conforme foi observado no Capítulo 1.

Ambos os registros diferem basicamente das disposições estabelecidas para o ideal-tipo. Antes de mais nada, a relação a valores deixa de ter o papel principal na formação de um conceito; não mais interessa a significação causal, mas a lógica do acontecimento, ou seja, a sucessão causal dos eventos sem mediação. Para que tal intento seja cumprido, é necessário, em primeiro lugar, que as condições históricas gerais sejam estabelecidas no próprio acontecimento, isto é, o conceito precisa apreender uma "constante histórica". Em segundo lugar, o acontecimento histórico não é o paciente de uma comparação, mas sim uma individualidade que encarna a constante, de modo que o conceito precisa, também, individualizar (ibidem, p.15-6).

Ao lançar mão de constantes, o historiador não estará lidando com uma história feita de objetos invariáveis. Uma constante capta na história um ponto de vista invariável, "um ponto de vista científico, escapando às ignorâncias e às ilusões de cada época e sendo trans-histórico", de acordo com Veyne (ibidem, p.19).

A constante explica as suas próprias modificações históricas, pois estabelece sua capacidade explicativa a partir de sua complexidade interna. O princípio de uma constante é a reelaboração em linguagem científica das idéias que os homens de cada época tiveram a respeito de sua sociedade e de seu tempo. Onde os romanos se referem à "grandeza de Roma, aos costumes dos ancestrais, à sabedoria do Senado", o historiador interpreta o texto e reconhece aí as constantes "imperialismo ou isolacionismo, cobertura ideológica, dominação de classe" (ibidem, p.21).

ENREDOS DE CLIO: PENSAR E ESCREVER A HISTÓRIA COM PAUL VEYNE

Essa tradução conceitual implica, portanto, a elaboração de uma metalinguagem que faz vir à tona as realidades históricas tornando-as inteligíveis individualmente, pois, nas palavras de Veyne, "a explicação histórica e sociológica ... consiste em relacionar um acontecimento a um modelo trans-histórico, que se individualiza jogando-se com as variáveis" (ibidem, p.30). Assim, por exemplo, em um esquema mítico que se encontrou em vários povos por meio de um estudo comparativo, o "operador de individualização" será a constante que permita engendrar uma modificação original a partir do esquema. Na Grécia, o esquema mítico individualiza sobre o plano da fábula; na Índia, sobre o plano da religião; em Roma, sobre o plano do pensamento histórico político (ibidem, p.31).

Temporalidade no conceito: individualização do acontecimento e inventário das diferenças

A capacidade de individualizar de que deve ser dotada o conceito precisa relacionar-se diretamente com um tipo de temporalidade captado a partir do próprio acontecimento. Vejamos como Veyne fornece subsídios para que seja suprido esse quesito do conceito histórico, sem se deixar cooptar, seja pela temporalidade/figura de sentido da história, seja pela temporalidade relativa ao saber nomológico das regras da experiência, ou pela temporalidade linear-cronológica das leis gerais.

A principal tarefa da constante histórica é, portanto, resgatar a singularidade dos acontecimentos: o imperialismo romano é diferente do imperialismo moderno; um jurista romano consulta as leis com um espírito totalmente diverso do que o faz um jurista contemporâneo. A constante deve ser capaz de reproduzir singularidades, a fim de que elas não sejam confundidas pelos nomes que as designam, e atingindo assim um requisito de todo conhecimento sistemático, pois, diz Veyne, "explicar de maneira científica e individualizar é a mesma coisa" (1983, p.40).

Tal caracterização da tarefa conceitual da história permite que se escape a uma noção de temporalidade que se confunde com os períodos históricos. Os acontecimentos, as entidades, as instituições não mais serão agrupados segundo sua contigüidade temporal, mas sim segundo os conceitos que os exploram. Ora, nesse caso, a temporalidade que o historiador explora no acontecimento não é aquela que visa à semelhança e à continuidade, e sim uma temporalidade que indica a multiplicidade, a diferença que acarreta a individualização do acontecimento pelo seu tempo.

Essa nova maneira de relacionar conceito com temporalidade coloca para o historiador uma tarefa definidora. Assim como qualquer cientista social, por meio de constantes, o historiador procura elaborar uma atitude científica no sentido de tornar inteligível (explicar) e individualizar. A individualização do acontecimento é necessária, simplesmente, porque nenhum acontecimento se repete. Porém, o historiador, de modo original, deve fazer o inventário completo das diferenças a fim de assegurar, como deseja Veyne, que "o sabor original de cada fato seja resguardado" (ibidem, p.31-2). Dessa maneira, o saldo de uma ciência histórica é que ela conceitua e, simultaneamente, permanece um relato, isto é, uma narrativa não meramente descritiva, pois "uma guerra não se repete, mesmo que haja duas conceitualmente idênticas" (ibidem, p.48).

Conceito e "diferença intensiva"

Sabemos que o acontecimento, como objeto histórico, é marcado pela diferença temporal. Contudo, o conceito precisa captar o acontecimento em estado puro. Vejamos como o conceito em história pode elaborar a diferença temporal sem diluí-la diante de uma totalidade histórica que ele também deveria expressar.

A história pretende ser o inventário das individualidades. A física, também, lida com o inventário explicativo dos fenômenos físicos; a queda de cada corpo pode ser individualizada no tempo. Ocorre que o nível de individuação da física permite que esses fenômenos sejam generalizáveis em leis e equações. Em contrapartida, o nível de individuação dos acontecimentos é dado não só pela diferença temporal, isto é, a face do acontecimento na qualidade de realidade efetuada, como pela diferença intensiva, isto é, a face do acontecimento na qualidade de realidade virtual conceituada. Por isso, a sua generalização deve ser elaborada por meio de conceitos especiais que permitam "perceber que o que é poderia não ser" (Veyne, 1983, p.55).

ENREDOS DE CLIO: PENSAR E ESCREVER A HISTÓRIA COM PAUL VEYNE   147

Quando Veyne refere-se à "constante trans-histórica" revela o seu mecanismo interno, a fim de marcar a diferença desta em relação aos conceitos históricos que pretendem ter captado a essência de determinados fenômenos, estabelecendo, como conseqüência, uma continuidade temporal enganosa.

Os agentes e os acontecimentos históricos sofrem limitações, pois sua época exprime-se através deles. Sabemos, então, diz Veyne, que "nenhuma loucura é a própria loucura, nenhuma ciência é a Ciência, nenhuma pintura é toda a pintura, nenhuma guerra é a guerra absoluta" (ibidem, p.27). O papel fundamental de uma constante trans-histórica é justamente o de captar essa oposição não absoluta entre o geral e o particular. De um lado, a constante permite conceituar cada um desses objetos através do tempo. De outro, a constante indica que cada um desses objetos e as idéias com que os homens os representam obedecem a uma evolução autônoma e são dotados de temporalidade própria.

Um objeto designado conceitualmente é sempre singular. Vários acontecimentos, apesar de diferentes temporalmente, podem ser unidos sob um mesmo conceito desde que se revele neles a realidade virtual. As diversas manifestações de um objeto articulam-se contingentemente com as noções que os homens têm delas, segundo a sua época, conforme Veyne (ibidem, p.29). Essa conceituação, portanto, diz Aron, "não se confunde nem com a realidade integral, inacessível como todo objeto, nem com a justaposição dos pontos de vista, arbitrária como toda síntese subjetiva" (1948, p.397). Uma realidade virtual conceitualmente traduzida exprime-se em objetos determinados, que trazem a marca das condições concretas de constituição de um acontecimento.

A constante é uma elaboração conceitual atenta à ação recíproca entre a idéia e a realidade. A inteligibilidade que podemos extrair do real deve-se a este mesmo elo que disfarça os interesses em ideais ou em necessidades históricas, pois, como afirma Aron, "os sentimentos mais que a razão ... comandam o devir histórico" (ibidem, p.346).

Novamente, o problema da relação a valores retorna ao cenário do conhecimento histórico. Certamente, aí se encontra a vinculação entre Aron e Veyne. Por outro lado, cumpre apontar também onde este último indica outra direção.

As constantes podem ser "interpretadas" ou "reconhecidas" no passado porque encontramos nele, como no presente, o amálgama entre a idéia e a realidade, expressão da condicionalidade temporal do homem. Era o que denominávamos, em Aron, esfera compreensiva. Por isso, as constantes podem ser trans-históricas.

Entretanto, os acontecimentos que elas conceituam já não são apreendidos, no registro veyniano, como objetos portadores meramente de diferença temporal. A constante, portanto, aponta no sentido da apreensão da diferença que pode ser conceituada; diferença esta que, antes de ser temporal, é intensiva.

Apesar de vinculado ao registro aroniano, a reviravolta indicada por Veyne se faz sentir. O acontecimento como realidade virtual conceituada que se exprime no amálgama de idéia e realidade, isto é, o que marca uma diferença intensiva, deve ser o que se apreende conceitualmente e não aquilo que, assimilado à esfera compreensiva que interseciona sujeito e objeto do conhecimento, era tomado até então como o pressuposto dos conceitos históricos. Uma época histórica não é constituída nem é acessada por intermédio da fusão de essências do sujeito e do objeto do conhecimento, a qual atingiria o âmago da totalidade histórica.

Resumo:
insuficiência da tarefa teórica e limite do percurso analítico

Insuficiência da tarefa teórica

Os pontos de reflexão da tarefa teórica desenvolvidos no capítulo anterior deixaram claros que o conceito histórico teria de se haver com o acontecimento. Antes, no entanto, seria necessário estipular para essa finalidade um mecanismo interno que dotasse o conceito de meios para generalizar a base empírica. O impasse fez-se sentir: a generalização deveria se exprimir por meio de um conjunto de multiplicidades que reunisse um feixe de séries, sendo, ela também, um acontecimento que expressasse a fisionomia dos demais. Desse modo, via conceito, apontava-se para o encontro da tarefa teórica com a tarefa narrativa.

A fim de que se desse prosseguimento à tarefa teórica, portanto, foi necessário que se aprofundasse a noção de conceito apre-

ENREDOS DE CLIO: PENSAR E ESCREVER A HISTÓRIA COM PAUL VEYNE   149

sentada, confrontando-a com duas importantes questões teóricas: a generalização histórico-causal e a generalização da base empírica. Os paralelos traçados entre a posição veyniana e outras importantes posições teóricas quanto ao referido confronto resultam em importantes ajustes, que situam o conceito como pivô da nova objetividade requerida pelo conhecimento histórico.

Em primeiro lugar, a tarefa teórica dedica-se a averiguar as relações entre a causalidade global, defendida por Veyne, e a generalização histórico-causal. Para tanto, de saída, demonstra, em contraste com o empirismo lógico de Hempel, que a utilização de leis científicas em história redunda na mera explicação causal feita descritivamente, o que, naturalmente, poderia ser resolvido pelo simples recurso à globalidade causal.

Em seguida, expõe-se a generalização histórico-causal por meio do procedimento weberiano de imputação causal. Observou-se que as conexões entre eventos somente tornavam-se válidas com a realização de testes com base nas regras da experiência. Tais regras originam-se de um saber nomológico cujo contato com o circuito da causalidade é estabelecido conceitualmente por intermédio de ideal-tipos. Veyne, por sua vez, afirma que a explicação causal pode ser conseguida simplesmente por meio de conceitos que apresentem a multiplicidade das séries concretas e não por meio de ideal-tipos cuja finalidade seria comparar construtos teóricos à realidade empírica. Em última instância, Veyne diverge da imputação causal, pois ela mesma baseia-se no pressuposto do encontro de essências entre sujeito e objeto do conhecimento, mediados pela relação a valores. Quer dizer, a generalização histórico-causal é obtida fazendo-se valer uma totalidade que se engendra a partir do referido pressuposto.

No mesmo percurso, constata-se que os reparos de Aron a Weber auxiliam Veyne. Aron deseja romper com a dualidade entre o estabelecimento de conexões concretas e a generalização histórico-causal. Para tanto, afirma que generalização e causalidade interpenetram-se na própria realidade. Tal recurso serve à globalidade causal veyniana, posto que a causalidade torna-se inteligível por meio de uma totalidade que se situa no acontecimento. Contudo, Veyne não pode concordar com o fato de que a generalização histórico-causal lance mão de uma inteligibilidade intrínseca cujo pressuposto é, novamente, o encontro de essências entre sujeito e objeto do conhecimento.

Por fim, ainda traçando o paralelo entre globalidade causal e generalização histórico-causal, era necessário que se confrontasse a posição de Veyne ao empirismo lógico de Hempel. Para esse último, as conexões causais podem ser estabelecidas simplesmente por meio do recurso à comprovação empírica, visando ao estabelecimento de leis gerais. Porém, o caráter específico das leis gerais em história é incompleto, uma vez que se apóiam sobre informações de ordem tácita e coloquial. Por isso uma lei geral em história nada mais é do que um esboço de explicação que, por suas lacunas, indica a direção da pesquisa a fim de que se logre uma explicação científica completa.

O encontro de Veyne com o empirismo lógico aponta a tendência dos proponentes deste a identificar a tarefa narrativa com a descrição histórica. Para Veyne, entretanto, este é apenas o ponto de partida. Como qualquer empirista, ele deseja sistematizar a ocorrência de um acontecimento. Mas fazê-lo por meio de proposições lógicas não isenta o historiador da tarefa teórica, isto é, de um empirismo levado a cabo por meio de conceitos.

Sendo assim, em segundo lugar, a tarefa teórica dedica-se a apresentar as relações entre o conceito e a totalidade histórica. Trata-se da busca do conceito histórico que propicie a generalização da base empírica por intermédio do conjunto das séries, prosseguindo no encontro entre tarefa teórica e tarefa narrativa. Daí, tornou-se necessário passar em revista, novamente, certos posicionamentos teóricos consagrados acerca dessa temática, a fim de que se pusesse em evidência a originalidade do conceito histórico veyniano.

Hempel assevera que, assim como a causalidade, o conceito histórico padeceria de incompletude, caso as generalizações da base empírica que ele apresenta não fossem reunidas em uma teoria entendida como um sistema de hipóteses gerais. Sem a possibilidade de comprovação empírica, o conceito torna-se um esquematismo vazio. Veyne, certamente, concorda em que um conceito precisa apresentar imediatamente dados observáveis, mas discorda de que

ENREDOS DE CLIO: PENSAR E ESCREVER A HISTÓRIA COM PAUL VEYNE   151

esses dados sejam apenas fontes de verificação empírica. Pelo contrário, o conceito precisa revelar no acontecimento o que não é imediatamente dado. Um conceito precisa ampliar nossa visão do mundo.

Para Weber, o conceito é um meio de conhecer. A sua função é a de criar um quadro de pensamento que seja a abstração de um evento valorizado culturalmente, de modo que os acontecimentos passam a ser rastreados ao serem comparados ao ideal-tipo. De fato, o ideal-tipo é um conceito-limite, ou seja, para constituir um parâmetro de comparação, é necessário que se aproxime de idéias que tiveram existência real. Essa espécie de similitude garante que o conceito não seja fruto de um disparate imaginário, visto que o conceito passa a conter geneticamente determinadas características essenciais do devir histórico por intermédio da significação cultural (relação a valores). Mais uma vez, constata-se que o conceito somente consegue a inteligibilidade de um evento por meio de uma totalidade baseada no encontro essencial entre sujeito e objeto do acontecimento.

Veyne, afinal, como se sabe, rejeita a relação a valores. O conceito histórico precisa apresentar as condições concretas de constituição de um acontecimento. Sendo assim, em termos weberianos, geneticamente, o conceito precisa apreender em um acontecimento as condições históricas gerais, isto é, deve ser uma constante histórica; e, como conceito-limite, ele necessita individualizar.

Justamente, aliar a busca de constantes históricas à individualização dos acontecimentos significa definir o conceito histórico como realizador, ao mesmo tempo, da tarefa teórica e da tarefa narrativa. Da tarefa narrativa, pois o conceito comporta um elemento descritivo-narrativo pelo qual impõe a si mesmo a elaboração do inventário das diferenças temporais que tornam irrepetíveis os acontecimentos. Da tarefa teórica, pois o conceito precisa captar conceitualmente uma realidade virtual por meio da singularidade que se exprime em acontecimentos determinados.

Apresentar conceitualmente a singularidade dos acontecimentos significa que o conceito deve ser capaz de captar a diferença intensiva, em um mecanismo de acoplamento narrativo-teórico. Desse modo, o acoplamento final entre as duas tarefas às quais se devota o conhecimento histórico depende da definição de uma matriz conceitual que seja capaz de apreender adequadamente a diferença intensiva. Por esse motivo, a tarefa teórica, visando encontrar a tarefa narrativa, chega ao seu fim.

Por fim, recolhamos os conceitos a partir dos quais se estrutura a tarefa teórica do conhecimento histórico:

- Tarefa teórica I: especificidade;
- Tarefa teórica II: teorias-intriga/imagem do real;
- Tarefa teórica III: conceito no acontecimento; totalidade histórica;
- Tarefa teórica IV: tópica histórica/questionário histórico; narrativa/critério de objetividade;
- Tarefa teórica V: causa global/globalidade causal;
- Tarefa Teórica VI: constantes trans-históricas; diferença intensiva.

5 ARTICULAÇÃO NARRATIVO-TEÓRICA, TESES NARRATIVISTAS

"E pode ser que a ausência do fabuloso em minha
narrativa parecerá menos agradável ao ouvido;
mas quem quer que deseje ter uma visão clara
tanto dos eventos acontecidos quanto dos que
algum dia, dentro das possibilidades humanas,
acontecerão de maneira idêntica ou semelhante – que
esses julguem minha história útil será suficiente para mim.
E, de fato, ela foi elaborada sem visar à premiação em um
concurso, mas como patrimônio para todo o tempo."
(Tucídides, *History of the Peloponesian War*, 1935, p.39-41)

"A primeira condição para que haja história
verdadeira (e ao mesmo tempo obra de arte) é que
seja possível construir uma narrativa."
(Croce, *Primi saggi*, 1951, p.38.)

ARTICULAÇÃO NARRATIVO-TEÓRICA

Plano de consistência narrativo-teórico

Procurou-se, no decorrer dos capítulos anteriores, chamar a atenção para uma reflexão que visa articular a tarefa narrativa e a tarefa teórica implicadas no trabalho do historiador. Esse campo de reflexão enseja a possibilidade da articulação entre uma nova maneira de contar a história por absorção de conceitos filosóficos e outros sem subalternidade a uma filosofia da história, e uma forma contemporânea de compreender a filosofia como produção de conceitos.

Neste capítulo, precisamos demonstrar que o acoplamento tarefa narrativa-tarefa teórica desdobra novos pontos de reflexão, desta vez dedicados à própria articulação entre ambas as tarefas, estipulando um plano de consistência em que os objetos e conceitos históricos são elaborados. Quanto a esse aspecto, é importante notar que esses pontos não definem planos hierarquizados, nos quais haveria precedência da tarefa teórica sobre a tarefa narrativa, ou vice-versa. Com efeito, o referido plano de consistência não visa fundamentar um sistema mais geral e abstrato que se colocaria no horizonte ou no fundo do campo de elaboração de objetos e conceitos históricos. O plano de consistência procura definir, no nível mais superficial, problemas a serem tomados como motivos de reflexão, conformando um campo de articulação narrativo-teórico.

Esse plano deve ser apresentado de maneira que se salientem dois elementos que aparecem em todas as etapas de sua constituição, a saber, a temporalidade histórica e a relação entre sujeito e objeto (relação cognitiva). Com esse fim, recolheremos o que foi visto nos capítulos anteriores e acrescentaremos novos elementos, visando à explicitação da articulação narrativo-teórica por meio de um breve confronto com outras posições relativas ao problema da articulação entre o narrativo e o teórico.

É possível sintetizar a articulação narrativo-teórica, enumerando os elementos que a constituem e demonstrando que as tarefas narrativa e teórica são unificadas a partir do acoplamento de

ENREDOS DE CLIO: PENSAR E ESCREVER A HISTÓRIA COM PAUL VEYNE | 155

pares de conceitos/componentes de uma e outra. Tal acoplamento é função de uma "matriz" para a qual Veyne chama a atenção, qual seja, a noção de "prática". A apresentação sintética da articulação aludida será efetuada, portanto, estabelecendo-se um ponto de contato entre as reflexões sobre os componentes correlatos de ambas as tarefas. Por seu turno, os conceitos/componentes dessas articulações serão sintetizados a partir do seguinte campo de articulação narrativo-teórica:

- Articulação I: acontecimento e conceito no acontecimento;
- Articulação II: diferença temporal e diferença intensiva;
- Articulação III: específico/séries-intriga; especificidade/teorias-intriga;
- Articulação IV: causalidade serial/causa no acontecimento; globalidade causal/causa global;
- Articulação V: método; não-acontecimental: tópica histórica/questionário histórico;
- Articulação VI: narrativa histórica.

Articulações narrativo-teóricas: a noção de prática

Articulação I: acontecimento e conceito no acontecimento

A noção de prática, antes de mais nada, acopla a descrição de acontecimentos – componente da tarefa narrativa – a conceitos que configuram o acontecimento – componente da tarefa teórica. Isso se torna possível, pois, como afirma Veyne, "a prática não é uma instância misteriosa, um subsolo da história, um motor oculto: é o que fazem as pessoas (a palavra diz bem o que ela quer dizer" (1978, p.355). O objetivo da prática, nesse caso, é estabelecer a relação entre o estatuto do acontecimento e a generalização da base empírica conceitualmente expressa.

A noção de prática presta-se à descrição de objetos singulares – os acontecimentos – bem datados, que não pressupõem nada além de sua existência diferencial diante de outros acontecimentos, como observamos (Capítulo 1). Por isso, uma prática não pode ser representada por uma ideologia, por uma Razão, por uma consciência, já que, para Veyne, "estas chaves entram em todas as fechaduras", desperdiçando o caráter singular do acontecimento (ibidem, p.356). Porém, se a prática associa-se à descrição dos acontecimentos, o que a torna mais do que um simples objeto histórico, permitindo que seu registro narrativo, simultaneamente, seja a expressão de um trabalho teórico em história?

Esse requisito teórico pode ser cumprido pela noção de prática, desde que ela corresponda à elaboração de conceitos a partir da singularidade do acontecimento, como também tivemos oportunidade de assinalar (Capítulo 3). Os acontecimentos, segundo Foucault, reiteram uma prática, um plano de imanência que se define pela "raridade", pois pode-se observar neles as relações entre diferentes séries (Foucault, 1969, p.15-6). Por causa dessa característica, pode-se esboçar um quadro histórico amplo, expresso conceitualmente, sem que se tenha de abandonar o nível descritivo do acontecimento, que, conforme demonstrou-se, situa-se no entrecruzamento de séries (Capítulo 1). Por esse mesmo motivo, a irrupção e incidência de acontecimentos – as práticas – estão relacionadas a regras de aparição que singularizam um determinado cruzamento de séries. Mas tais regras indicam somente o caráter singular e contingente de uma prática, que, como qualquer acontecimento, poderia ter sido outra. Um acontecimento/prática não é uma evidência, por isso é necessário explicar, como alerta Veyne, a sua raridade, isto é, por que, num determinado momento, certo acontecimento existe e não outro qualquer.

Um exemplo dado por Veyne pode esclarecer o problema da raridade dos acontecimentos. Ele se pergunta o que teria levado ao fim da gladiatura em Roma, no século IV de nossa era. Não teria sido o advento do cristianismo, já que outros espetáculos, como o teatro, considerados imorais, continuaram em plena vigência. Não teria sido o humanitarismo reincidente, já que este é o apanágio apenas de uma pequena minoria que não se confunde com a massa, no seio da qual reina a ambigüidade entre atração e repulsa diante da violência pública. Veyne observa que as explicações pela nova religião e pelo humanitarismo tendem a tratar a questão de maneira indiscriminada, já que tais motivos serviriam para esclarecer o problema da violência pública em qualquer época, como se

ENREDOS DE CLIO: PENSAR E ESCREVER A HISTÓRIA COM PAUL VEYNE   157

governantes e governados sempre fossem os mesmos e se movessem pelos mesmos motivos. Ora, então, o fim da gladiatura deve ser compreendido graças a uma prática rara, de época, como diz Veyne, em Roma, nos primeiros séculos de nossa era, "a prática 'guia de rebanho' foi substituída pela prática 'mimar crianças'" (Veyne, 1978, p.374). Por motivos óbvios, históricos, que explicam qualquer acontecimento, a nova prática objetivou os governantes como reis paternais, assim como os governados foram objetivados como povo-criança. Acontecimento raro que ressoa em uma série de outros, não necessariamente confinados à prática política.

Além disso, seguindo Foucault, pode-se dizer que mesmo a transformação histórica pode ser apreendida no registro narrativo-teórico da prática, uma vez que uma modificação em uma dada prática pode ser entendida pela modificação em outras práticas (Foucault, 1969, p.98-9). Assim, a descrição do deslocamento de um acontecimento pode revelar o sistema de regras implicado em uma transformação histórica, pois as práticas modificam os acontecimentos das séries que elas põem em relação. Ao mesmo tempo, tal operação narrativo-teórica, ao tomar como ponto de partida a temporalidade singular que marca a existência de um acontecimento, esquiva-se à assimilação da transformação histórica a uma temporalidade finalista ou cronológico-linear, porque a prática não é dotada de uma temporalidade ordenadora sobre a qual se decalcam os acontecimentos. Enfim, os acontecimentos dispersos em séries podem se modificar temporalmente sem que haja alteração da maneira geral das práticas que concorrem para sua formação, conforme discutimos no Capítulo 4.

A noção de prática ainda se prestà à articulação entre tarefa narrativa e tarefa teórica em um sentido heurístico. A prática é uma estratégia conceitual que tem a função de cooptar os conceitos provenientes de diversos ramos do saber, adaptando-os à apreensão de acontecimentos, e, portanto, fazendo-os dóceis ao registro narrativo.

Todos os procedimentos aqui mencionados perfazem o primeiro ponto de reflexão para a definição da articulação narrativo-teórica.

Articulação II: *diferença temporal e diferença intensiva*

A noção de prática agrega a diferença temporal – componente da tarefa narrativa – à diferença intensiva – componente da tarefa teórica. Nesse caso, dispõe-se sobre o caráter temporal do acontecimento, isto é, como sendo basicamente diferença. Por um lado, a prática identifica uma singularidade espaciotemporal, uma diferença temporal, segundo o que se observou (Capítulo 1); por outro, a prática, de acordo com Veyne, precisa informar que o acontecimento é um "objeto de época", que carrega as marcas de seu tempo (1978, p.361). De fato, é uma diferença intensiva que capta o acontecimento como realidade virtual conceituada; sendo a diferença um elemento que define o acontecimento em sua singularidade e não uma forma imposta do exterior, como tivemos oportunidade de ver no Capítulo 4. A prática, portanto, define o caráter híbrido da diferença acontecimental, destacando simultaneamente seu aspecto narrativo e seu aspecto teórico. A prática, conforme Foucault, não deve ser tratada como um fato produzido num espaço e num tempo determinados; porém, ela não é também uma forma ideal independente das condições materiais que marcam uma determinada época (1969, p.137-8).

Antes de prosseguirmos, seria melhor recordar que fora estabelecido o contraste entre diferença temporal e diferença intensiva, na passagem em que a tarefa teórica caminhava no seu esforço de determinação das diferenças (Capítulo 4). A diferença intensiva é a diferença conceituada, isto é, componente da tarefa teórica. Por que intensiva? Porque ela não está na extensão temporal nem na espacial. Ela é a face do acontecimento como realidade virtual conceituada, e não a face do acontecimento como realidade efetuada; a diferença intensiva não é uma miríade de diferenças espaciotemporais.

A prática compreende a dispersão espaciotemporal que diferencia os acontecimentos e envolve as regras históricas que explicam essa dispersão, de modo que tais regras não estejam sob a história ou além dela, mas relacionadas à diferença irredutível de cada acontecimento. Com efeito, as regras de uma prática, configurando uma diferença intensiva, trazem consigo o caráter fluido dos acontecimentos, pois as práticas modificam a diferença temporal dos acontecimentos, e, às vezes, se transformam com eles. Cada acontecimento é singular em relação a outro, porém cada singularidade possui uma intensidade que expressa localmente uma determinada realidade virtual. A prática, como diz Foucault, é um acontecimento estranho, pois "é única como todo acontecimento, mas oferece-se à repetição, à transformação, à reativação" (Foucault, 1969, p.41). Em suma, na diferença temporal de um acontecimento é possível encontrar a diferença intensiva.

Além disso, por meio da noção de diferença definida pela prática, estabelecem-se modos específicos de temporalidade, negando qualquer modelo uniforme de temporalização. A época de que trata a prática não é um quadro sincrônico dos acontecimentos, mas períodos que articulam a dispersão de uma diferença temporal. Por outro lado, não se trata de estabelecer uma temporalidade que arraste todos os acontecimentos. As transformações históricas dão-se em níveis diferentes de acordo com as práticas adjacentes, as quais, por sua vez, multiplicam a temporalidade dos acontecimentos. Cada acontecimento vibra em sua própria diferença temporal, cabendo à prática exprimir, em cada um, a diferença intensiva como o resultado local de um sistema de interferências intertemporais.

Todos os procedimentos aqui reunidos compõem o segundo ponto de reflexão para o estabelecimento da articulação narrativo-teórica.

Articulação III: específico/séries-intriga; especificidade/teorias-intriga

A noção de prática agrega as séries-intriga – componente da tarefa narrativa – às teorias-intriga – componente da tarefa teórica –, a partir do modo respectivo de inteligibilidade: o específico e a especificidade. Desta vez, dispõe-se sobre o modo de existência do acontecimento.

Todo acontecimento é único, porém a sua singularidade pode ser narrada pelo específico, que se revela no jogo das séries as quais se cruzam configurando o campo acontecimental, como tivemos oportunidade de assinalar (Capítulo 2). A prática, nesse caso, corresponde apenas à descrição de séries que concorrem para a formação de um acontecimento, pois tal operação, como diz Foucault, define as condições de acordo com as quais um acontecimento se desencadeou, dotando-o, portanto, de uma existência específica (Foucault, 1969, p.142). E essa operação é lograda narrativamente ao se trilhar um itinerário, descrevendo uma intriga entre as séries, como se pôde averiguar no Capítulo 2.

Mas o registro narrativo proporcionado pela prática não deriva de outra entidade que se ocultaria por trás dela. A descrição de uma prática simplesmente se articula com a descrição de outras práticas, dessa maneira determinando seus limites e sua autonomia. As práticas estabelecem um sistema de vizinhanças no campo acontecimental que agrupa, para cada uma, acontecimentos diversos e específicos, sob uma mesma especificidade, pois, como afirma Veyne, "são os acasos da história, as saliências, as reentrâncias de práticas vizinhas e de suas transformações ... que são as criações da história e não as da consciência ou da razão" (1978, p.359). Encontrar a especificidade que caracteriza uma prática, portanto, significa identificar um resumo das séries-intriga. Essa operação de compactação e aproximação de séries visa lograr, do ponto de vista teórico, a elaboração de teorias-intriga, como foi possível observar no Capítulo 3.

A noção de prática, ainda, ao acoplar tarefa narrativa e tarefa teórica, permite desfazer a rigidez de teorias provenientes de outros ramos do saber, adaptando-as ao uso histórico. Isso é possível desde que tais teorias sejam referidas à descrição de séries, isto é, a intrigas que o historiador percorre à vontade no campo acontecimental. As teorias-intriga, portanto, não implicam uma operação de segundo grau, por meio da qual sua abstração seria elaborada para além das práticas concretas que exprimem a existência dos acontecimentos.

A função que a prática confere à existência específica de um acontecimento resulta, novamente, na definição de uma temporalidade múltipla. Os acontecimentos que, em determinada época, são identificados como elementos de uma determinada prática, poderão estar presentes em outras práticas da mesma época ou em

ENREDOS DE CLIO: PENSAR E ESCREVER A HISTÓRIA COM PAUL VEYNE

outras práticas de outras épocas. Em ambos os casos, o que se observará não é a origem que explicaria o encadeamento desses acontecimentos sincrônica ou diacronicamente, mas sim acontecimentos cujo caráter específico possui fisionomias muito diferentes. Em outras palavras, os acontecimentos, em certa prática, estabelecem uma temporalidade própria baseada em sua especificidade. A existência de um acontecimento não se modifica de acordo com uma temporalidade que unificaria ou ordenaria todos os acontecimentos, mas de acordo com a temporalidade na qual ele se especifica em relação a outros acontecimentos de uma mesma prática. Da mesma forma, um acontecimento que surja em várias práticas não é por isso o mesmo, pois sua existência em cada caso identifica uma temporalidade específica. Sendo assim, a transformação histórica não precisa ser entendida como resultado do deslocamento de um tempo totalizante, mas pela "posição" temporal do acontecimento que se desloca entre as práticas. A repetição de um acontecimento não perfaz uma diacronia, nem destaca uma necessidade que se transmite temporalmente; ele sempre se repete obedecendo a uma configuração histórica diferente, na qual a função temporal do acontecimento deve ser procurada.

Ora, uma teoria deve dar conta dessa configuração histórica, entretanto ela o faz descrevendo localmente a existência de um acontecimento. Assim, com a noção de prática, indica-se o terceiro ponto para refletir sobre a articulação narrativo-teórica. De fato, segundo esse objetivo, a existência de um acontecimento, de acordo com Veyne, "não se parece muito com as figuras sucessivas de um desenvolvimento dialético, não se explica por um progresso da consciência, nem por outro lado por um declínio, nem pela luta de dois princípios, o Desejo e a Repressão" (1978, p.369).

Articulação IV: causalidade serial/causa no acontecimento; globalidade causal/causa global

A noção de prática acopla a causalidade serial – componente da tarefa narrativa – à globalidade causal – componente da tarefa teórica –, indicando a modalidade da causa histórica do ponto de vista narrativo: a causa no acontecimento, do ponto de vista teórico: a causa global. Desta vez, dispõe-se sobre a causalidade em sua relação com a generalização histórico-causal, cujo resultado apresenta-se em uma explicação histórica.

Com efeito, a noção de prática precisa informar um tipo de causalidade que se esquive tanto à necessidade quanto à mera sucessão dos acontecimentos. Assim, a causalidade deve adequar-se aos demais pontos de reflexão para pensar uma articulação narrativo-teórica.

A causalidade pode ser encontrada no registro narrativo, desde que ela seja simplesmente uma causalidade serial, isto é, desde que se encontre a causa como um resumo da dispersão das séries no campo acontecimental, como fora por nós estabelecido no Capítulo 2. O historiador procura uma causa que, assim como qualquer acontecimento, possa ser descrita a partir de sua dispersão em séries, isto é, uma causalidade serial, demonstrando que a causa encontra-se no acontecimento, como observou-se no Capítulo 2.

Em uma determinada época, um conjunto de práticas vizinhas define a fisionomia de cada prática. Em outra época, como afirma Veyne, "será uma fisionomia singular muito diferente que se formará no mesmo ponto e, inversamente, sobre um novo ponto se formará uma fisionomia vagamente semelhante à precedente" (1978, p.374). A causalidade corresponde, por conseguinte, apenas ao sistema de vizinhanças que se estabelece na relação entre práticas de qualquer tipo, por isso é que se pode falar, do ponto de vista teórico da generalização histórico-causal, de uma globalidade causal, como pôde-se observar no Capítulo 4. Assim, a causa que imprime a fisionomia a uma prática nada mais é do que uma atualização que faz determinadas séries se cruzarem, formando acontecimentos. Por isso é que se pode dizer que cada acontecimento é explicado por uma causa global, como fora definido no Capítulo 4.

A temporalidade relativa à generalização histórico-causal necessita, igualmente, ser uma função da causalidade estabelecida pela noção de prática. Ela não deve configurar uma "evolução por acúmulo" dependente de uma causalidade que se transmitiria a partir de pontos de origem. Nesse caso, a temporalidade histórica seria como que o desenrolar do tempo a partir de acontecimentos

ENREDOS DE CLIO: PENSAR E ESCREVER A HISTÓRIA COM PAUL VEYNE   163

originários que se propagam nos efeitos produzidos por eles. A história, como mostra Foucault, estaria pontuada por poucos acontecimentos, geradores de outros acontecimentos, que são tão-somente cópias da causa inicial. Como a causalidade se instala apenas em alguns acontecimentos, os acontecimentos-efeitos daí decorrentes seriam indistintos, reunidos em uma massa amorfa, já que seu caráter de acontecimento, de diferença, seria neutralizado por seu acúmulo no tempo (Foucault, 1969, p.134-5).

A temporalidade, quanto à causalidade segundo a noção de prática, reformula o problema da origem e da transmissão temporal. A causa procurada mantém, ao mesmo tempo, a singularidade do acontecimento, devendo ser narrada entre as séries, e o caráter transmissível de todo efeito, por ser o aspecto teórico de uma generalização histórico-causal encontrada na dispersão dos acontecimentos que compreendem uma determinada prática. A temporalidade, portanto, multiplica-se a partir de um acontecimento que aparece na diversidade das séries e que se transforma ao ser transmitido a determinada prática de outra época.

Articulação V: o método; não-acontecimental: tópica histórica/questionário histórico

A noção de prática acopla o não-acontecimental – componente da tarefa narrativa – à tópica histórica/questionário histórico – componente da tarefa teórica. Desta feita, dispõe-se sobre a definição de um método histórico que possui um *corpus* de procedimentos mínimos, o qual cria condições para que o esforço teórico seja apropriado ao registro narrativo.

O campo histórico, formado pelos acontecimentos, não é fustigado por elementos ocultos que controlariam os elementos visíveis. Os elementos ocultos são apenas mais acontecimentos que não foram ainda revelados pelo historiador. Eles permanecem como o não-acontecimental, pois, como vimos, ladeiam os demais elementos como qualquer acontecimento, e participando das características desses últimos (Capítulo 1). O não-acontecimental pode ser restituído sem que se tenha, antes, de encontrar o fator que desvendaria o que se esconde por trás de todo e qualquer acontecimento, por isso a articulação narrativo-teórica mantém o não-acontecimento no nível narrativo, isto é, no nível de qualquer acontecimento.

O não-acontecimental é ao mesmo tempo singular, disperso nas séries que formam uma prática e transmissível a práticas de outra época. Comporta-se como algo sensível às diferenças de tempo e de lugar. Seu caráter híbrido depende de sua assimilação pela prática cujo enunciado, como diz Foucault, "não está oculto, mas não é por isso visível; ele não se oferece à percepção como o portador manifesto de seus limites e de suas características. É necessária uma certa conversão do olhar e da atitude para poder reconhecê-lo e enxergá-lo nele mesmo" (1969, p.145). Uma articulação narrativo-teórica, portanto, deve conter um método que revele o não-acontecimental não a partir de um conjunto de características dadas na experiência imediata, nem a partir de um motor ou significado oculto por trás do campo acontecimental que traduziria a totalidade de seus elementos.

Para revelar o não-acontecimental, a articulação narrativo-teórica requer apenas uma tópica histórica que reúne os mais diversos conceitos elaborados pela tradição historiográfica ou por outros ramos do saber, como já assinalamos (Capítulo 3). Essa tópica prepara os conceitos para atingir com precisão o aludido caráter híbrido dos acontecimentos envolvidos nas práticas. Com esse fim, eles transformam-se em questões que compõem um questionário histórico, como tivemos oportunidade de observar (Capítulo 3). Além disso, o questionário funciona como um gerador de hipóteses causais que ativa a reconstituição histórico-causal na crítica documental, resultando na chamada retrodicção (Capítulo 2). Em suma, o questionário histórico contém questões que precisam ser respondidas narrativamente pela apreensão conceitual dos acontecimentos e, por outro lado, fornecem um mecanismo para se deslocar a ótica do documento, de modo que se possa descrever cadeias causais. O questionário histórico, assim, é a peça central de um método histórico cujos procedimentos não podem ser aplicados sem que sejam ativados, simultaneamente, os esforços narrativo e teórico do conhecimento histórico.

O questionário é, sem dúvida, a chave da articulação narrativo-teórica, pois ele atinge todas as suas principais características. Mas, a partir de que ponto, a partir de que lugar, o historiador formula essas questões?

Em primeiro lugar, a articulação narrativo-teórica, de acordo com seus componentes, procura nos acontecimentos uma historicidade específica, pois, como afirma Foucault, a descrição de um "*a priori* histórico" deve "nos desembaraçar de nossas continuidades; ela dissipa essa identidade temporal na qual nos gostamos de ver a nós mesmos para conjurar as rupturas da história; ela rompe os fios das teleologias transcendentais" e cessa de interrogar "o ser do homem e sua subjetividade" (1969, p.172). Em segundo lugar, essa articulação reúne o sistema de vizinhanças que se estabelece entre as práticas em determinada época. O mosaico das práticas é caracterizado por conjuntos de regras que não são impostos de fora; por isso tais regras explicam a relação que interliga as séries de acontecimentos de uma prática e a modificação nas regras explica que um determinado acontecimento possa ter um papel completamente diferente numa prática de outra época, ou seja, a articulação narrativo-teórica explica a dispersão temporal dos acontecimentos, sendo, ela mesma, um todo transformável. Em terceiro lugar, o caráter, simultaneamente, histórico, singular e globalizante da articulação implica que ele não pode ser dado de uma vez por todas; ele somente pode ser acessado pela descrição de um acontecimento. O conjunto das práticas é encontrado apenas em fragmentos (acontecimentos) envolvidos em níveis justapostos, isto é, a modalidade de sua aparição é regional.

Sendo assim, a articulação narrativo-teórica sugere ao historiador questões que se situam a partir da diferença temporal do acontecimento; mas questões que, neste lugar e tempo precisos – o elemento empírico da história –, reinvestem a problemática dos limites entre as práticas de uma época e do conjunto dessas práticas em relação à época em que o historiador formula a questão. Aliás, partindo dos limites entre as práticas, nada impede que as questões que prepara o historiador se dirijam a seu próprio tempo, sendo, portanto, possível uma história do presente. Com isso, forma-se um questionário que visa ao acontecimento e à prática como

166 HÉLIO REBELLO CARDOSO JR.

diferença intensiva e não como, a exemplo do que afirma Foucault, "uma figura que pára o tempo e o congela por décadas ou séculos; ela determina uma regularidade própria aos processos temporais; ela apresenta o princípio de articulações entre uma série de acontecimentos e outras séries de acontecimentos, de transformações, de mutações e de processos. De maneira nenhuma, forma intemporal, mas esquema de correspondência entre várias séries temporais" (1969, p.98-9).

A articulação narrativo-teórica realiza-se no registro do acontecimento, isto é, em uma simples descrição. Assim, a sua elaboração teórica não ofusca e, de fato, compreende a tarefa narrativa do conhecimento histórico, como observou-se no Capítulo 1. O método do historiador, portanto, resume-se a descrever acontecimentos e a formular questões que os revelem, isto é, suas questões, baseadas na articulação, levam a explicação histórica diretamente ao registro narrativo, conforme o Capítulo 2.

A noção de prática, portanto, mostra que as tarefas narrativa e teórica estão como que dobradas sobre si mesmas, formando as cinco dobras de articulação narrativo-teórica. Resta, no entanto, definir a expressão acabada dessa articulação, isto é, a própria narrativa histórica, que perfaz a articulação VI. Para que se atinja tal objetivo, é necessário que façamos, antes, uma série de considerações acerca do tratamento que vem recebendo a narrativa histórica por parte de certos historiadores e filósofos, com o que obteremos mais um destaque da originalidade do caminho seguido por Paul Veyne.

CONFRONTOS: NARRATIVA HISTÓRICA SEGUNDO AS ARTICULAÇÕES NARRATIVO-TEÓRICAS

Confrontos I: exterioridade entre o trabalho de investigação histórica e a narrativa histórica

Sendo o acontecimento um objeto histórico secundário, a narrativa é relegada como questão epistemológica

O conjunto, o resultado do trabalho do historiador, é uma narrativa histórica, visto que todas as etapas de articulação narra-

ENREDOS DE CLIO: PENSAR E ESCREVER A HISTÓRIA COM PAUL VEYNE

tivo-teórica revelaram-se pontos de uma dobra narrativo-teórica em que não se distinguem radicalmente seus componentes. Por isso, a articulação VI pode ser vista como a reunião de todos os demais pontos de reflexão do plano de consistência. Tal reunião aparece no trabalho historiográfico como a narrativa histórica. A partir dessa definição geral, procederemos a uma série de confrontos entre a articulação narrativo-teórica, ou seja, a posição do historiador veyniano, e noções de narrativa histórica segundo a perspectiva da totalidade histórica.

A narrativa histórica, portanto, depende do acoplamento de todos os elementos da tarefa narrativa e da tarefa teórica. Isso quer dizer que se a tarefa teórica cercear de alguma forma a tarefa narrativa, a própria narrativa histórica se ressentirá, sofrendo como que um monitoramento de suas possibilidades.

Observar o problema do cerceamento a que pode estar sujeita a narrativa histórica significa entender as conseqüências da definição desta última por totalidades históricas em oposição aos pontos de reflexão sistematizados a partir de Veyne. Com efeito, liberar a narrativa histórica dos óbices teóricos não significa despojá-la da teoria transformando-a em uma narrativa qualquer. A questão é averiguar se é possível liberá-la sem prejuízo do esforço teórico; e, em contrapartida, maximizar a tarefa teórica por um aumento da capacidade narrativa.

A definição da narrativa histórica como função do conjunto da articulação narrativo-teórica, portanto, tem como objetivo assegurar que a narrativa histórica não seja exterior ao trabalho historiográfico. Vejamos em que sentido procura-se indicar a superação dessa exterioridade.

Em geral, a historiografia e a epistemologia da história que desprezam a noção de acontecimento, rebaixando-a a um segundo plano, igualmente rejeitam ou subordinam a problemática da narrativa histórica em função de questões mais "urgentes".

De fato, a tradição da Escola dos Annales, pelo menos até o final da década de 1960, momento em que se assinala a irrupção da chamada "história nova", tem como um de seus principais distintivos programáticos a rejeição à "história-narrativa". Esta é identificada com a historiografia impulsionada pelos estudos históricos

168 HÉLIO REBELLO CARDOSO JR.

de Langlois & Seignobos, que, a partir da virada do século, preconizavam uma história feita por indivíduos. Os *annalistes*, portanto, ao adotarem como princípio rejeitar esse tipo de historiografia, que denominavam genericamente "positivista", como informa Ricoeur, ao mesmo tempo que deslocaram o eixo metodológico da história política (feita por indivíduos) para a história social total, rejeitaram as especulações sobre o tempo, nas quais se incluiriam o problema do acontecimento e da ação (Ricoeur, 1983, p.146-7). Daí, a conhecida afirmação de L. Febvre de que, sendo o fato histórico identificado com o acontecimento encontrado em estado puro na fonte, o historiador acabaria por conceber a realidade histórica como uma narrativa de ficção, visto que tomaria acriticamente a visão das fontes (1965, p.7-9). No mesmo diapasão, M. Bloch assinalava que uma história-narrativa não seria nada mais do que a visão dos "testemunhos voluntários", isto é, os fatos fornecidos pelos documentos que expressam o juízo de seus autores sobre o evento narrado (1959, p.46-9). Essa preocupação da primeira fase dos Annales foi destacada tanto por historiadores quanto por filósofos que se dedicaram posteriormente ao problema da narrativa histórica (Stone, 1979, p.3-4; White, 1984, p.8-10).

Quanto a esse aspecto, é útil fixarmos uma questão, embora sua resposta somente venha com a conclusão de nossas considerações sobre a narrativa histórica. Pois bem, será que a concepção de narrativa de Veyne escapa à pecha de ser o resultado de uma crítica documental malfeita, de modo que poderia auxiliar na reflexão sobre as conquistas da "história nova", na qual se observa o retorno do acontecimento e da narrativa? (Lacouture, 1990, p.231-5). O mesmo problema foi apontado no interior da historiografia marxista inglesa e por historiadores de diversas extrações teóricas, de acordo com a síntese elaborada por Stone a respeito da retomada da narrativa histórica (1979, p.17-8, 22-3). Contudo, estabelecida a questão para Veyne do ponto de vista historiográfico, é necessário indicar que tipo de complicações a respeito da narrativa ele deverá nos auxiliar a responder do ponto de vista epistemológico.

Ora, mesmo M. Weber, que se preocupou com "situações históricas específicas", entre as quais podem ser incluídos os acontecimentos, devido a ter sua atenção voltada para o envolvimento da subjetividade do historiador nas operações lógicas ("probabilidade objetiva") necessárias para realizar a reconstituição histórica, considerou a narrativa um elemento secundário. A narrativa seria apenas um instrumento destinado a apresentar os resultados das operações lógicas do conhecimento histórico, de modo que a estrutura do trabalho historiográfico se amenizasse e se recobrisse por uma fachada estética, como pudemos assinalar no Capítulo 3.

Exemplo:
monitoramento da narrativa histórica e totalidade histórica

As relações entre a narrativa histórica e a articulação entre tarefa narrativa e tarefa teórica ficarão mais claras através de um exemplo. O historiador materialista-histórico pode fazer recortes de diferentes objetos, advindo daí estilos narrativos de caráter mais técnico ou mais literário. Apesar da alternativa, no entanto, a tarefa narrativa pode continuar sendo definida a partir de uma noção de totalidade.

Nesse sentido, é que se coloca a opção entre o esquematismo da narrativa baseada na metáfora base/superestrutura e o impressionismo de uma narrativa baseada no processo histórico. No primeiro caso, os objetos privilegiados seriam os modos de produção, com a sucessão monocórdia entre um e outro e suas engrenagens internas. No segundo caso, a narrativa seria menos demiúrgica, pois resgataria a impresivibilidade dos acontecimentos humanos, definindo o objeto como um "detalhe cultural", como um "lugar" onde os planos econômico, social, político e ideológico são indistintos, já que essas "necessidades" e esses "interesses" são experiências vividas pelos homens, isto é, "em sua consciência e em sua cultura", segundo as palavras de Thompson (1978, p.164-5; 1967, p.56-97).

Não obstante, tal alternativa não se explica por si só. Não existe nenhum impedimento real para que uma narrativa esquemática não seja impressionista, e vice-versa. A não ser que a descrição de detalhe cultural esteja investida por uma função teórica que qualifica esse impressionismo. Sim, pois se as "conexões profundas", ensina Ginzburg, de uma sociedade (o modo de produção), estão interditadas ao "conhecimento direto", então, permitem sê-lo pela explicação de "fenômenos superficiais" (Ginzburg, 1980, p.27). E ao "reconhecer isto não é abandonada [a] idéia de totalidade", desde que os elementos teóricos utilizados por esse tipo de narrativa estejam dotados de "ambivalência dialética", de acordo com Thompson (apud Chalhoub, 1990, p.23). A função teórica dessa narrativa impressionista (ou detalhista) pode ser, a bem dizer, de uma totalidade histórica. Afinal, embora propiciando um estilo de narrativa diferenciado, a narrativa impressionista tem como estratégia os mesmos requisitos da narrativa esquemática. Em outras palavras, os requisitos de uma totalidade histórica que pode monitorar, de um jeito ou de outro, a narrativa histórica.

Como se explica o monitoramento da narrativa histórica pela totalidade?

De um lado, do lado da relação cognitiva, os historiadores materialista-históricos dessa estirpe estabelecem ligações com Ginzburg e Darnton, na obra dos quais se elogia o culturalismo, pois a contingência dos acontecimentos somente pode ser reconstituída se o historiador tiver acesso a "um universo mental estranho" graças a "um idioma geral, do qual aprendemos a entender as coisas pensando dentro de uma estrutura fornecida por nossa cultura" (Darnton, 1986, p.xvii). De outro lado, do lado da temporalidade histórica, continua-se a lidar com a noção de uma interioridade essencial que orienta em direção a seu núcleo a exterioridade contingente das coisas, como critica Foucault (1969, p.158). Sendo assim, essa temporalidade acrescentaria às análises culturalistas, por si só estáticas, segundo Chalhoub (1990, p.23), "uma teoria explicativa das mudanças históricas", pois, então, elas seriam animadas pelo "movimento da história". Mas esse movimento comporta um sentido, no caso o fornecido por uma totalidade histórica que procura captar o movimento da história.

Vejamos, em seguida, que o monitoramento da narrativa histórica pode ser sanado partindo-se de uma articulação narrativo-teórica na qual os componentes narrativos e teóricos estão de tal forma imbricados que a narrativa histórica desvencilha-se da totalidade histórica.

ENREDOS DE CLIO: PENSAR E ESCREVER A HISTÓRIA COM PAUL VEYNE   171

Tanto a relação cognitiva quanto a temporalidade, na caracterização de certas totalidades históricas, implicam uma "subjetividade fundadora" que, como assevera Foucault, "encontra, por sob os acontecimentos, uma outra história, mais séria mais secreta, mais fundamental ... outra história que corre sob a história" (1969, p.159).

Dessa maneira, efetua-se o cerceamento da tarefa narrativa pela tarefa teórica. A subjetividade fundadora, que informa os elementos teóricos por meio da relação cognitiva e da temporalidade, é, ela própria, o elo que deve ser encontrado no objeto para que este possa ser conhecido. Os elementos narrativos resgatam sob os acontecimentos somente a história que foi inscrita nos elementos teóricos, de modo que se fecha dessa forma o círculo da totalidade.

O que significa, diante dessa situação, uma articulação narrativo-teórica? Antes de mais nada significa abolir o curto-circuito que se estabelece na relação cognitiva entre sujeito e objeto. Com isso, estaria destruído o foco do finalismo humano-histórico e da finalidade humana, de modo que o círculo da totalidade se romperia, liberando o tempo indômito dos acontecimentos, isto é, ensejando uma temporalidade histórica múltipla.

Exemplo: formalização da narrativa histórica e totalidade histórica

Embora afastado teoricamente dos imperativos metodológicos dos Annales e da teoria da história weberiana, o positivismo lógico de Hempel, quanto à narrativa histórica, leva ao extremo a tendência lá observada. O acontecimento, nesse caso, fica totalmente subordinado a leis gerais. Estas, como vimos, explicam uma série de eventos a partir de uma proposição lógica que envolve hipóteses universais bem confirmadas empiricamente e limitadas por um conjunto de condições determinantes (Capítulo 4). Em suma, todo acontecimento é entendido como se pudesse ter sido previsto, de maneira que são descartadas as ligações singulares que poderiam haver entre eles, de acordo com a crítica feita por Dray (1967, p.404-5). Sendo assim, a narrativa identificar-se-ia tão-somente com descrições das pesquisas empíricas orientadas pela lei geral, isto é, como graduações cronológicas cada vez mais detalhadas que são formalmente ajustadas entre si.

Porém, a narrativa histórica não se reduz à tarefa narrativa. Por isso, a sua formalização descritiva não é uma boa solução para ela, pois, então, a tarefa teórica teria seu alcance tolhido, acomodando a tarefa narrativa à descrição. Com efeito, numa totalidade que visa à formalização dos procedimentos historiográficos, não há monitoramento da tarefa narrativa pela tarefa teórica. No entanto, nela os elementos narrativos e teóricos estão de tal forma automatizados que a tarefa narrativa, na verdade, é abandonada à sua própria sorte, gerando apenas descrições de objetos e nunca narrativas históricas, nas quais o peso da tarefa teórica seja sentido.

Pelo contrário, na narrativa suposta pela articulação narrativo-teórica que temos apresentado como um convite à reflexão, as temporalidades não vão se encaixar conforme graduações formais, mas como séries dispersas que seguem em vários sentidos, e, como tais, influem-se estabelecendo entre si determinadas relações não formais. Dessa maneira, não se procura mais o tempo do acontecimento que vai se compactando e formando agregados de acontecimentos, até reconstituir-se uma linha cronológica. Procuram-se tempos que modificam concretamente outros tempos.

Uma nova articulação entre tarefa narrativa e tarefa teórica do conhecimento histórico, portanto, deve ter como resultante uma narrativa histórica em que a disposição dos elementos teóricos não censure os elementos narrativos. Este novo equilíbrio precisa liberar a narrativa, o que é totalmente contrário à sua redução a mera descrição, por mais formalizada que seja.

Esforço para reduzir a exterioridade entre trabalho histórico e narrativa histórica: crítica ao "modelo nomológico" e a volta do acontecimento

A fim de demarcar solidamente a posição de Veyne é necessário mostrar, antes, como sua concepção de narrativa histórica combina-se genericamente com a crítica dos próprios lógicos ao "modelo nomológico" de Hempel, sem, no entanto, identificar-se literalmente com essa crítica. Veyne, em certa oportunidade, havia declarado sua admiração pelo esforço do pensamento neopositivista sobre a história que se segue a Hempel, mas admitia não ter

ENREDOS DE CLIO: PENSAR E ESCREVER A HISTÓRIA COM PAUL VEYNE

domínio suficiente sobre ele para incluí-lo como problema em suas próprias preocupações (Veyne, 1971, p.196-7). Chegou o momento, portanto, em que, já tendo reunido os principais elementos do pensamento de Veyne sobre a história, sentimo-nos aptos a indicar seus pontos de contato e de afastamento com o positivismo lógico, especificamente sobre a narrativa histórica.

Do ponto de vista genérico, a crítica ao "modelo nomológico" tem como resultado justamente aquilo que para Veyne é a principal aposta do historiador, isto é, a atenção sobre o acontecimento como objeto histórico e a emergência da narrativa histórica como questão relevante epistemologicamente.

P. Ricoeur, ao tratar desse assunto, indica que existe uma disparidade entre o "modelo nomológico", ou seja, as leis gerais, e a metodologia empregada "de fato" pelos historiadores (1983, p.173-4). Disparidade que surgia, da parte dos lógicos, como uma exigência para que os historiadores elevassem sua disciplina ao nível dos procedimentos científicos. Mas, então, tudo se passava como se estivessem sendo desqualificadas as grandes obras da historiografia, uma vez que nenhum historiador de renome havia chegado em seus livros a leis gerais.

Os críticos do "modelo nomológico" logo indicariam que tal exigência é insustentável e que, portanto, devia haver um erro de base na construção do modelo. Tratava-se, segundo esses críticos, de explicar o que os historiadores fazem em seu trabalho, e não como deveriam fazê-lo para que se tornassem bons cientistas. Antes de mais nada, segundo W. Dray, é preciso alterar o ponto de vista do lógico, que, em vez de partir do pressuposto de uma unidade entre as ciências, deveria postar-se diante da originalidade do conhecimento plasmado na tradição historiográfica, pois as explicações encontradas nos livros de história são dadas pelos historiadores e não construídas de acordo com um modelo lógico. As explicações históricas, como as encontramos realizadas na historiografia, formam um "conjunto logicamente disparatado" (Dray, 1957, p.85).

Esse apelo às realizações historiográficas, antes de mais nada, tinha como objetivo sugerir que a noção de explicação histórica não implica a de lei geral. Isso ficaria claro, principalmente, graças às oscilações do "modelo nomológico" diante da explicação histórica, visto que as leis gerais em história teriam um caráter incompleto e que não poderiam recobrir explícita e inequivocamente os dados que as comprovam (Capítulo 4).

Veyne notou essa debilidade da lei geral, demostrando que o detalhamento da proposição inicial acabaria por reconstituir, descrevendo, a singularidade de um acontecimento, racaindo justamente naquilo que a formalização lógica procurava evitar (Capítulo 4). Tal percepção de Veyne combina-se com a crítica de Dray ao "modelo nomológico" quando este declara, em termos lógicos, que "é parte da lógica das proposições da forma 'é porque' que adições à sentença explanatória nunca são regulamentadas por nossa aceitação da proposição inicial" (1957, p.35). As leis acabam rendendo-se à singularidade do acontecimento e perdem a direção da investigação histórica.

Em conseqüência, segundo Ricoeur, que acompanha detalhadamente esse assunto, o problema do historiador não é o de sintetizar uma lei geral, mas, pelo contrário, "explicar diferenças" (1983, p.177-8). De um lado, isso mostra que a crítica ao "modelo nomológico" coloca em pauta o acontecimento, sugerindo a questão de como explicar a diferença. Quer dizer, o tratamento do acontecimento implica determinadas conexões singulares que não se deixam explicar por leis científicas. Surge daí a problemática de conceber noção de causalidade que não esteja subordinada pela legalidade do modelo hempeliano, como indicáramos no Capítulo 4.

Essa é a posição de Dray. No entanto, tendo de manter o compromisso com o empirismo lógico, a sua concepção de análise causal logo de início divergirá da proposta por Veyne. Senão, vejamos.

A análise causal, de acordo com Dray, é uma seleção do melhor candidato à função causal por meio de uma criteriologia causal. Sendo assim, segundo a sistematização feita por Ricoeur (1983, p.180), a análise causal implicaria dois tipos de teste: (a) a "prova indutiva", cujo objetivo é testar se o fator causal é realmente necessário, isto é, sem ele o acontecimento a ser explicado não teria acontecido; e (b) a "prova pragmática", cujo objetivo é selecionar uma condição entre todas as condições que em conjunto constituem a condição suficiente do acontecimento.

ENREDOS DE CLIO: PENSAR E ESCREVER A HISTÓRIA COM PAUL VEYNE 175

Ora, a determinação da causa para Veyne, como foi estudado, não depende de quaisquer operações lógicas, uma vez que nenhum fator tem uma função proeminentemente causal. Trata-se apenas de encontrar o resumo da dispersão das séries no campo acontecimental. A causalidade de Veyne dissolve-se totalmente na narrativa (Capítulos 2 e 5), enquanto W. Dray está sempre à procura de um fator causal logicamente determinante.

Crítica ao "modelo nomológico": papel coadjuvante da narrativa histórica

Exatamente a tentativa de definir uma causalidade histórica fora dos padrões da lei geral fará emergir o tema da narrativa histórica. De fato, a própria modalidade de análise causal concebida por Dray fica mais bem esclarecida quando esse autor estabelece suas ligações com a narrativa, já que a explicação causal elaborada pelo historiador implica uma narrativa que descreve o curso real dos eventos a fim de expor os resultados da análise causal (Dray, 1957, p.113-4). Curiosamente, tal posição aproxima-se da de Croce, sendo esta última destituída de seus aspectos metafísicos, pois para Croce a narrativa histórica é apenas uma "exposição crítica" do aparato documental (1948, p.11-2). A narrativa é o instrumento no qual se apresenta o resultado da análise causal, isto é, ela pressupõe um aparato documental que prove empiricamente a função causal do fator escolhido. Assim, os eventos explicados poderiam ser simplesmente enumerados ao lado dos dados empíricos, sem que precisassem aparecer na narrativa.

Novamente, esse posicionamento se mostra divergente em relação ao de Veyne. Este último, como vimos, nunca pressupõe a exterioridade entre narrativa e explicação causal, pois a causalidade é dada por uma configuração específica entre as séries que se dispõem de acordo com o sistema de vizinhanças entre as práticas (Capítulo 4 e neste capítulo). Não obstante, avancemos na indagação dessas divergências.

Ainda segundo W. Dray (1957, p.121), a análise causal não basta a si mesma. É necessário uma "análise por razões" que procura reconstituir o "equilíbrio lógico" entre o que aconteceu e o que se conhece dos agentes históricos. Tal análise significa conceber um modelo que se aplica a ações de agentes semelhantes a nós, isto é, faz "reviver", "re-atualizar" a ação, revelando as operações lógicas nela embutidas. Porém, o equilíbrio lógico que a análise por razões busca é atingido por meios indutivos decorrentes das provas materiais reunidas pela análise causal, evitando, portanto, as "analogias vagas" e "plausibilidades intuitivas" de um Weber ou de um Collingwood, no que toca à explicação da ação dos agentes, como se observou no Capítulo 4.

O aludido equilíbrio lógico articula a análise da ação individual com a análise de acontecimentos ou condições históricas de larga escala. Os dados empíricos fornecidos pela prova indutiva da análise causal determinam a asserção de um fator causal sob a chancela da análise por razões. Sendo assim, segundo Ricoeur, que sintetiza as idéias de W. Dray, "as grandes entidades ou coletividades, neste caso, recebem uma explicação que as personifica como agentes" (1983, p.186).

Tal personificação, contrariando novamente a noção veyniana, é anterior à narrativa, pois esta é sempre precedida pela articulação da operação analítica indicada. Conseqüentemente, a narrativa, para Dray, não é um traço universal da escrita da história, pois ela deve ser prefaciada por um esboço do contexto no qual a ação se desenrola, denominado "generalização explanatória totalizante". No lugar de uma lei geral de tal forma que "a ocorrência de uma série de eventos C1, C2,... Cn geralmente é acompanhada pela ocorrência de um evento E", a explicação histórica deve ter a forma de uma generalização tal que "x, y e z acarretam um Q", onde x, y e z são acontecimentos tomados em conjunto por uma operação de síntese (totalizante), e não pelo detalhamento dos pormenores a partir da lei geral (Dray, 1971, p.1971; 1967, p.401, 404).

Como vimos, a explicação histórica de Veyne não parte de um esboço do contexto no qual estariam em curso os eventos históricos, mas sempre a partir de acontecimentos cuja existência específica deve ser assinalada por uma determinada prática que não se deixa apreender por uma operação de síntese de seus elementos (neste capítulo). Da mesma forma, a apresentação da estratégia de articulação da causalidade não tem vínculo operacional com relação à restituição da contingência da ação dos agentes históricos,

ENREDOS DE CLIO: PENSAR E ESCREVER A HISTÓRIA COM PAUL VEYNE

conforme pudemos ver Capítulo 2. Para Veyne, tanto as ações individuais quanto os acontecimentos ditos "de larga escala" são apenas geradores de causalidade serial, cuja articulação causal é buscada por meio da identificação de uma globalidade causal, operação teórica totalmente plasmada no regime narrativo, como pôde-se observar anteriormente (neste capítulo).

Com efeito, a própria noção de narrativa histórica sugerida por Veyne desfaz a possibilidade de que as ações individuais sejam determinadas por entidades abstratas, nem que estas últimas, representadas pelos acontecimentos de larga escala, sejam personificadas. Enfim, a narrativa histórica, nesse sentido, unifica o traço que, no empirismo lógico, estabelece-se como um dualismo entre teoria da história e teoria da ação. Dualismo esse responsável pela exterioridade entre explicação histórica e narrativa.

Confrontos 2: argumentos narrativistas

"Todo temporal" e narrativa histórica

Genericamente, os chamados "argumentos narratistas" definem-se pelo objetivo de sanar o que se revelara com a aludida debilidade da aplicação de leis científicas em história, ou seja, a exterioridade entre explicação histórica e narrativa. Veyne, igualmente, procura tornar a narrativa o lugar da própria explicação. Portanto, seria necessário expormos algumas teses narrativistas a fim de indicar até que ponto perdura essa confluência de objetivos.

Seja como for, pode-se, desde já, assinalar que entre a concepção de narrativa histórica de Veyne e os argumentos narrativistas existe uma divergência de princípio. Estes últimos partem da noção de que a estrutura da "frase narrativa", como demonstra Ricoeur, nos obriga, como que automaticamente, a descrever o mundo de acordo com a lógica por ela imposta (Ricoeur, 1983, p.204). Veyne, por sua vez, não espera que a narrativa imite o mundo, ele deseja reunir os componentes de uma tarefa teórica que dê conta da complicação do mundo e que, ao mesmo tempo, estejam imersos no registro narrativo.

A fim de explicitar seu ponto de vista, Danto, filósofo analítico proponente de uma tese narrativista, estabelece a diferença entre "descrição narrativa" e "descrição ordinária da ação". Nesta última, um agente qualquer coloca-se na situação de descrever o encadeamento de eventos que se desenrolam, a partir de um ponto no passado, até o momento presente de sua ação ou de sua deliberação visando dar curso à ação. Nesse caso, a descrição estabelece uma estrutura temporal simples, ou seja, um ponto fixo no passado e outro em movimento no presente, de tal maneira que a própria descrição não é afetada pelo resultado final da ação. Por seu turno, a descrição narrativa possui uma estrutura temporal sobre a qual o narrador exerce um controle maior. Comparativamente a outra modalidade de descrição, encontra-se no caso da narrativa um fator discriminante denominado por Danto "realinhamento retrospectivo do passado", que implica a elaboração de uma frase narrativa formada por três posições temporais, que são, segundo Ricoeur, "a do acontecimento descrito, a do acontecimento em função do qual o primeiro é descrito, a do narrador" (1983, p.206).

Ora, uma estrutura temporal formada por três pontos temporais permite que sejam descritas as conseqüências não esperadas de uma ação, pois já se conhece o seu resultado. Com base nessas considerações é que Danto pode afirmar que "a aposta principal da história não é reconhecer a ação como poderiam fazer os testemunhos, mas como fazem os historiadores em relação a acontecimentos ulteriores, como partes de todos temporais", enfatizando quanto a essa questão o "todo temporal e a estrutura temporal da frase narrativa" e o "todo temporal e a descrição histórica" (1965, p.166-70, 183).

Vejamos como essa distinção faz com que a narrativa histórica recaia em um problema que já fora superado pelas sugestões veynianas acerca da explicação histórica. Afinal, o que está em jogo na tentativa narrativista de encontrar a explicação histórica na própria descrição do historiador-narrador?

Pois bem, como vimos, se a descrição ordinária da ação lida apenas com duas posições temporais, sendo uma no presente, está sempre em ação, isto é, não pode conhecer o resultado da ação. Já o historiador-narrador lida com um todo temporal, ou seja, ele é capaz de narrar as conseqüências que vão além da própria ação e que são observadas entre dois pontos fixos no passado. A posição de enunciação do narrador permite enfraquecer o caráter intencional da ação.

Portanto, uma narrativa pode ser uma explicação histórica somente devido ao postulado de uma estrutura temporal que se organiza em torno do ato de enunciação do historiador.

A posição defendida por Veyne, e que vimos tentando projetar em perspectiva, tende a contrapor a assimilação da temporalidade histórica a uma estrutura temporal concebida como a de Danto. De fato, a divergência fundamental entre a tese narrativista desse autor e a concepção veyniana da narrativa histórica se dá quanto à expressão da temporalidade histórica.

A temporalidade histórica, segundo Veyne, exprime-se pela interferência mútua de múltiplas séries temporais, as quais configuram um determinado acontecimento de acordo com uma rede de práticas adjacentes. Ao mesmo tempo, como foi observado, o historiador-narrador não é o enunciador, pois a temporalidade a partir da qual ele narra também é fruto de uma prática que envolve tempos múltiplos. Por isso, a expressão da temporalidade na narrativa é sempre a expressão dos limites entre conjuntos de práticas da época a partir da qual o historiador narra e o conjunto de práticas que formam o todo da época onde se situa o acontecimento narrado (neste capítulo). Enfim, a narrativa histórica não precisaria pressupor um tempo de enunciação do historiador a partir do qual um todo temporal ficasse estruturado.

Veyne sugere que caminhemos mais longe. A narrativa histórica precisa ser baseada numa intriga, exigindo, portanto, que assumamos a tarefa teórica no sentido de que esta busca conceitos e teorias apropriadas a acontecimentos dispersos em séries que se interferem material e temporalmente. Em suma, a narrativa histórica deve envolver articulações narrativo-teóricas, e não uma totalidade histórica definida por um ato de síntese que totaliza o transcurso, em termos meramente cronológicos, entre duas posições temporais cuja expressão narrativa, circunscrita pela posição da enunciação, seria a descrição de um enunciado.

Narrativa histórica e "juízo reflexivo"

A narrativa histórica, como resultado final do trabalho do historiador, deve, principalmente, pressupor uma atividade teórico-conceitual por parte do historiador.

Na verdade, esse aspecto já havia sido destacado anteriormente na própria crítica ao "modelo nomológico" de Hempel, embora o ponto então não fosse o da narrativa. W. Dray assinalou que uma explicação histórica é uma "generalização explanatória de tipo totalizante" presidida por um "conceito unificante" que reúne o conjunto dos acontecimentos a serem descritos, e não por uma lei geral que seria já a própria descrição (1967, p.404). Stegmüller também faz uma abordagem semelhante dessa questão ao tratar do "conceito normativo" (1983, p.436-9, 449-52). W. H. Walsh sintetiza bem esse problema ao afirmar que a tarefa do historiador é a de "procurar certos conceitos dominantes ou certas idéias condutoras para com elas elucidar os seus fatos, descobrir conexões entre essas mesmas idéias, e mostrar depois como os fatos pormenorizados se tornam inteligíveis à luz delas ao construir-se uma 'narrativa expressiva' dos eventos do período em causa" (1960, p.62).

A discussão acerca da narrativa redefine esse problema em termos mais precisos. A narrativa não se resume à descrição de um todo temporal; ou melhor, tal descrição precisa demonstrar a operação teórica que a preside. Porém, como essa associação entre descrição e operação teórica é possível? Quais as bases para o seu estabelecimento?

A fim de abrir caminho à resposta de tal questão, é suficiente que observemos o caminho trilhado por mais uma das teses narrativistas, que, uma vez mais, aproxima-se para logo em seguida divergir da definição de narrativa histórica que vimos tentando elaborar, ou seja, como resultado do trabalho historiográfico no qual a tarefa narrativa e a tarefa teórica estão imbricadas uma na outra por meio do campo de reflexão das articulações narrativo-teóricas. Desta feita, no entanto, em comparação com o caso anterior, o ponto de contato será muito maior, já que o argumento principal da tese narrativista que tomaremos como objeto atinge o âmago da operação teórica nas bases em que vem sendo elaborada. Por esse motivo, o confronto ficará bem situado se recolhermos as principais posições de L. O. Mink, para quem, segundo Ricoeur, "as narrativas são totalidades altamente organizadas, exigindo um ato específico de compreensão, da natureza do julgamento" (1983, p.219).

ENREDOS DE CLIO: PENSAR E ESCREVER A HISTÓRIA COM PAUL VEYNE   181

De um ponto de vista genérico, pode-se assinalar a originalidade da proposição de Mink no momento mesmo em que ela associa narrativa à totalidade, sugerindo que a narrativa não é indiferente ao empreendimento teórico que busca a totalidade histórica. Por outro lado, de um ponto de vista específico, nota-se que tal proposição possui um alcance ainda mais radical, visto que envolve a relação entre a narrativa e um ato de compreensão cuja implicação é o deslocamento do eixo em torno do qual girava o argumento narrativista de A. Danto, pois a narrativa é agora entendida como a expressão de um ato sintético e reflexivo do historiador, que não se deixa demonstrar por meio de argumentos científicos e lógicos. Segundo Mink (1965, p.30-1), a própria associação do pensamento histórico com o ato de julgamento relega para um segundo plano a questão de saber se essas sínteses interpretativas podem ser logicamente comparadas ou se elas constituem critérios de objetividade da verdade histórica avalizados por procedimentos epistemológicos como as leis gerais ou como a frase narrativa. Enfim, a aludida associação, programaticamente, isola a narrativa histórica tanto das explicações do senso comum quanto das explicações adequadas às ciências naturais. O conhecimento histórico encontra na narrativa um meio que lhe é próprio e que identifica o seu caráter específico de saber.

Pois bem, se, agora, o historiador passa a ser um elaborador de sínteses interpretativas, é necessário observar como se constitui essa operação teórica e que tipo de procedimentos ela implica.

A narrativa histórica organiza os acontecimentos, que, segundo Mink, são únicos, mas devem apresentar algum tipo de similaridade para que constituam uma determinada totalidade. A conjugação de ambos os aspectos do acontecimento na narrativa não pode ser resolvida por uma "lógica de confirmação", pois, "as significações integrais requerem uma teoria do julgamento" (ibidem, p.41). Sabe-se que a teoria do julgamento possui um registro duplo na crítica kantiana. Na primeira crítica, refere-se a uma função sintética do entendimento; na terceira, refere-se a uma função reflexiva da faculdade de julgar. Em cada caso, pode-se observar que as implicações para a conceituação são diversas, pois o conceito assumirá ou será impedido de assumir um papel de acordo com o cometimento de cada tipo de juízo.

Mink restringe-se a enunciar tal problema sem avaliá-lo de acordo com suas implicações em termos kantianos. De fato, Mink lança mão da teoria do julgamento no sentido de marcar a originalidade de sua posição no interior do debate entre os filósofos analíticos. O nosso trabalho, pelo contrário, necessita extrair da reflexão kantiana elementos que permitam não apenas detalhar um pouco mais a tese de Mink, como também prosseguir em nossas próprias indagações sobre a narrativa histórica.

Todo o conhecimento, segundo Kant, provém da experiência. Mas, para que um objeto seja conhecido, é necessário que ele se dê no espaço e no tempo, que são as formas puras da nossa sensibilidade. O entendimento encontra suas próprias regras na forma como a experiência é dada. A ligação entre a forma da experiência e as regras do entendimento é realizada por meio de um juízo. Esse juízo realiza essa operação, determinando a possibilidade da experiência por meio de um conceito do entendimento, ou seja, o objeto é dado e o conceito é aplicado a ele de acordo com as regras do entendimento. Nas palavras do próprio Kant (1911, p.109 – §17): "Para conhecer uma coisa qualquer no espaço, por exemplo, uma linha, devo traçá-la e, portanto, realizar sinteticamente uma conjunção determinada do múltiplo dado, de modo que a unidade desta ação é ao mesmo tempo a unidade da consciência (no conceito de uma linha)".

Na razão teórica, portanto, pode-se dizer que o geral é dado e basta aplicá-lo por meio de um juízo sintético que determina o particular, pois "visto que uma forma da intuição sensível encontra-se fundamentada em nós e repousa sobre a receptividade da capacidade de representações (sensibilidade), o entendimento, então, como espontaneidade, pode determinar o sentido interno através do múltiplo das representações dadas ... e pode pensar *a priori* a unidade sintética da apercepção do múltiplo da intuição sensível, considerando tal unidade como condição à qual todos os objetos de nossa [humana] intuição devem necessariamente subordinar-se" (Kant, 1911, p.120 – §24). Nesse caso, como se percebe, essa operação teórica termina com a aplicação do conceito. Sendo essa operação realizada pelo conhecimento histórico, por conseguinte, a narrativa seria vista somente como o instrumento pelo qual

ENREDOS DE CLIO: PENSAR E ESCREVER A HISTÓRIA COM PAUL VEYNE   183

se apresenta a operação teórico-conceitual. Em suma, a narrativa não seria explicativa por recursos próprios. E, de fato, Mink esta·à procura de outro tipo de juízo para qualificar a narrativa histórica.

Kant, mais uma vez, nos auxilia a conferir esse problema. Há um segundo tipo de juízo – o juízo reflexivo – para o qual destina-se a tarefa de encontrar o geral a partir de um objeto particular. O juízo reflexivo é do caráter daquele que se encontra definido na terceira crítica. Como sua operação parte de um objeto particular, esse tipo de juízo não dispõe sobre regras do entendimento que se aplicam à forma espaço-temporal do objeto. O juízo reflexivo refere-se a regras empíricas que regulam a matéria da experiência. Ora, isso equivale a dizer que o juízo reflexivo é levado a cabo sem a imputação de conceitos determinados do entendimento, ou melhor, nesse tipo de juízo a imaginação e o entendimento entram em acordo sem que esta aplique àquela um conceito, permanecendo o entendimento como faculdade de conhecer em geral, isto é, como fonte de conceitos puros. O resultado desse ato de julgamento não pode ser compreendido, mas tão-somente sentido, pois, como afirma Kant, "um julgamento simplesmente reflexionante sobre um objeto singular dado pode ser estético, se a faculdade de julgar, que não tem pronto nenhum conceito para a intuição dada, confronta a imaginação com o entendimento e percebe uma relação de dois poderes de conhecer, relação que constitui de maneira geral a condição subjetiva, que pode ser somente sentida, do uso objetivo da faculdade de julgar" (ibidem, p.215-9; 1913, p.vi-viii, 211-6 – §6, §8).

Ora, nesse caso, a narrativa histórica poderia ser entendida como a expressão de um sentimento que supomos comunicável e universal, já que resultante de um juízo da razão humana. A sua objetividade, no entanto, não disporia de conceitos determinantes, de modo que a narrativa histórica seria identificada pelo seu alcance estético. Por isso, retornando ao argumento narrativista, Mink afirma que a explicação histórica não pode ser demonstrada, pois trata-se de apresentar um conjunto de acontecimentos, o que somente se consegue lançando mão do "estilo narrativo" em que "uma-coisa-vem-depois-da-outra", implicando não um ato sintético do entendimento mas uma totalização realizada pela imaginação (Mink, 1965, p.43).

Contudo, uma vez que se apresenta a associação entre ato de julgamento e narrativa histórica, torna-se necessário averiguar suas conseqüências. Bem, vejamos, antes de mais nada, o que tal aproximação acarreta em termos da expressão narrativa da totalidade histórica.

Para Mink, a operação narrativa é realizada por um "modo configurante", que implica, segundo Ricoeur, a idéia de tomar em uma totalidade, por intermédio de um ato mental, um conjunto de acontecimentos que aparecem separados no tempo. Eis, então, a principal conseqüência da associação entre narrativa e julgamento reflexionante kantiano. O modo configurante pressupõe a idéia de alcançar uma totalidade por via de uma espécie de compreensão que não é, ela própria, narrativa. A configuração do julgamento reflexionante implica o ultrapassamento da temporalidade dos acontecimentos, para reuni-los, uma vez que nesse tipo de julgamento nosso entendimento determina os objetos a título de fenômenos, que são dados na forma da intuição, isto é, no espaço e no tempo. Por essa implicação, é que Ricoeur observa em Mink "uma tendência a privar de todo caráter temporal o ato mesmo de 'tomar em conjunto', característica da operação configurante" (1983, p.224).

Assim, com o fito de dissociar a narrativa histórica da mera descrição via sucessão cronológica dos acontecimentos, dotando-a de uma forma de compreensão que seria peculiar ao conhecimento histórico, a solução oferecida por Mink nos conduz a uma nova indagação. Qual seja: será que a superação de uma narrativa cronológica implicaria necessariamente a supressão da temporalidade dos acontecimentos? Ou, em outros termos, será possível apresentar narrativamente a ocorrência temporal dos acontecimentos?

Em primeiro lugar, a busca da resposta a essa indagação atinge novamente o âmago do julgamento reflexionante como operação que daria acesso teórico à totalidade histórica. Na verdade, o juízo reflexivo está impedido de se servir de conceitos do entendimento porque ele pressupõe a unidade empírica de todas as coisas, o que extrapola os limites dentro dos quais as regras da razão teórica têm sua validade assegurada. Segundo as leis gerais da natureza, fundamentadas no entendimento, a natureza procede mecanicamente

ENREDOS DE CLIO: PENSAR E ESCREVER A HISTÓRIA COM PAUL VEYNE   185

como se seus produtos fossem agregados; no entanto do ponto de vista do julgamento reflexionante, a natureza é observada como sistema particular, seus produtos são vistos de acordo com a unidade das leis empíricas da natureza. Em outros termos, o entendimento não está autorizado a determinar nenhum acontecimento no interior dessa totalidade. Essa unidade de todas as coisas (totalidade), enfim, implica que, da singularidade dos acontecimentos, se possa refletir sua similaridade, a partir da condição universal do julgamento reflexionante, isto é, do acordo subjetivo entre imaginação e entendimento, que define para o objeto uma finalidade formal subjetiva. Ora, tal finalidade não pode ser determinada em nenhuma experiência, pode ser apenas sentida como o belo nos produtos naturais como se fosse a apresentação de uma finalidade da natureza, segundo a faculdade de julgar reflexionante, de acordo com Kant (1913, p.vii-viii, p.298-303 – §42). Exatamente por esse motivo de fundo, é possível conceber uma operação teórica e narrativa, como faz Mink, na qual há como que uma suspensão da temporalidade do acontecimento, que fica contida sob o peso da finalidade da natureza. Se a temporalidade não pode ser apreendida conceitualmente, isto é, teoricamente, não se revela narrativamente.

A simultaneidade teórico-narrativa do apelo de Mink a Kant, que abole a temporalidade, é justamente o que, para Veyne, deve instaurá-la.

Em segundo lugar, a busca da resposta acerca do regime teórico-narrativo da temporalidade do acontecimento deve projetar um novo problema. Se a finalidade da natureza está de acordo com o juízo reflexivo da razão humana, é que deve haver um consenso entre ambas no sentido de preparar a realização da liberdade humana. Nesse caso, o sentimento que resulta do juízo reflexivo não caracteriza apenas uma finalidade dos objetos (produtos da natureza) em relação à faculdade de julgar reflexiva, isto é, uma finalidade subjetiva, mas uma finalidade do sujeito em relação aos objetos segundo o conceito de liberdade, isto é, uma finalidade objetiva da natureza. A finalidade da natureza liga-se a um juízo reflexivo que nos comunica um sentimento universal ("é belo", "é sublime") que, ao mesmo tempo, é um símbolo do bem, pois encontra-se no próprio homem o que, como fim, deve ser realizado por sua ligação com a natureza. Por essa razão, afirma Kant (1913, p.298-303 – §42; p.362-9 – §62-3): "a admiração pela natureza que se revela como arte em seus belos produtos, não por acaso, mas de alguma forma intencionalmente, obedece a uma ordem conforme a uma lei como finalidade sem fim; como nós não encontramos esse fim em nenhuma realidade fora de nós, o encontramos naturalmente em nós e naquilo que constitui o fim último de nossa experiência, isto é, nossa destinação moral". A totalidade apreendida por um juízo reflexivo indica, em última instância, que a subjetividade humana, aliada à razão, possui uma destinação supra-sensível, isto é, a liberdade. Nesse caso, a suspensão da temporalidade histórica pressupõe uma subjetividade, que, igualmente, escapa à temporalidade dos acontecimentos.

Com efeito, a reunião dos corolários do juízo reflexivo, isto é, a temporalidade contida por uma finalidade da natureza e a subjetividade obediente a uma finalidade humana, implica uma idéia de história, no sentido kantiano. Esta última seria a realização na natureza da "temporalidade" supra-sensível da liberdade humana, pois, segundo Kant, os acontecimentos são apresentações de um "desígnio racional" (1986, p.25-6).

Nada mais distante da noção de narrativa histórica que vimos tentando elaborar. A narrativa histórica deve ser o resultado de uma tarefa narrativa e de uma tarefa teórica que se dobram uma sobre a outra, como vimos neste capítulo. Com efeito, a narrativa histórica deve compreender, simultaneamente, a descrição de uma intriga que preserva a temporalidade do acontecimento e de procedimentos de ordem conceitual que não pressupõem uma subjetividade fundadora. E, como vimos, tal simultaneidade teórico-narrativa é função de uma plano de consistência narrativo-teórico baseado na leveza do acontecimento e não em uma totalidade que suportaria o peso do julgamento reflexionante.

Noção de intriga e narrativa histórica

Segundo as considerações feitas no item anterior tendo por base o juízo reflexivo, os problemas são dois, a saber, estabelecer uma temporalidade histórica e uma subjetividade que, sendo a representante do historiador na relação cognitiva, estivessem de

ENREDOS DE CLIO: PENSAR E ESCREVER A HISTÓRIA COM PAUL VEYNE   187

acordo com a narrativa histórica. A solução a esses problemas foi oferecida pela tese narrativista de Hayden White, que lança mão, assim como Veyne, da noção de intriga. No entanto, o uso que ambos fazem dessa noção é bastante diverso.

De acordo com White, a intriga situa-se como o articulador da narrativa histórica entre a "história contada" (*story*) e a "forma argumentativa" própria à ciência. Cada um desses elementos corresponde a classes da estrutura narrativa da explicação histórica. Por isso, como afirma Ricoeur a respeito da tese de White, a composição de intrigas não se identifica totalmente à noção de narrativa histórica (Ricoeur, 1983, p.231). De fato, cada uma dessas classes corresponde a um efeito explicativo que lhe é próprio, de modo que a narrativa histórica define-se por uma composição desses efeitos.

Em primeiro lugar, para White, há a combinação da intriga com a história contada. O efeito explicativo desta última dá-se por meio da organização dos acontecimentos, a fim de ultrapassar seu caráter episódico, puramente cronológico (a crônica). O efeito explicativo da intriga é de segundo nível, ele não organiza acontecimentos de uma história contada qualquer, mas da própria história. A superposição do efeito explicativo da intriga sobre o da história contada, portanto, permite que os acontecimentos históricos sejam narrados como em uma narrativa de ficção. Sendo assim, a narrativa histórica passa a admitir um arranjo temporal baseado na temporalidade dos acontecimentos.

Para que tal combinação seja possível, no entanto, é preciso pressupor um campo da história como pano de fundo pré-conceitual, aberto à seleção e aos arranjos dos modos de organização da história contada e da intriga, como indica White (1973, p.5-6). Vê-se, pois, desde já, uma divergência em relação à noção de narrativa histórica sugerida por Veyne. Para este, o campo da história é constituído por acontecimentos e deve ser acessado conceitualmente. Quer dizer, a temporalidade da narrativa histórica não é lograda por meio de uma combinação de efeitos explicativos, mas pela aplicação de conceitos aos acontecimentos. O preço pago pela operação narrativista de White, segundo a crítica feita por Ricoeur, é separar a explicação da história da explicação do aconteci-

188 HÉLIO REBELLO CARDOSO JR.

mento, uma vez que a intriga possui um poder explicativo restrito (Ricoeur, 1983, p.233).

Em segundo lugar, para White, a narrativa histórica é composta pela combinação da intriga com a forma argumentativa, de modo que assim se completa o papel da intriga como articulador do ficcional e do científico na explicação histórica. Desta feita, no entanto, a narrativa histórica admite a "representação", isto é, a função da subjetividade na relação cognitiva. Por sua combinação com o efeito explicativo da intriga, o efeito explicativo da forma argumentativa é qualitativamente diferente, por exemplo, das legalidades lógicas de Hempel. A combinação desses efeitos explicativos implica uma pressuposição sobre a natureza do campo da história, estabelecendo certos paradigmas argumentativos.

Ao mesmo tempo, a combinação intriga-forma argumentativa atinge a "implicação ideológica", que diz respeito a uma tomada de posição ética característica de uma maneira peculiar de escrever a história. Com essa associação, White procura incorporar as explicações ideológicas ao campo da história, uma vez que estas últimas referem-se à natureza da consciência histórica. Por outro lado, procura submeter a ideologia ao modo de explicação por argumentos formais. Em ambos os casos, estabelece-se a ligação, como afirma White, entre "a explicação dos fatos passados e a prática presente" (1973, p.22).

Novamente, nessa combinação de efeitos explicativos, pressupõe-se um campo histórico pré-conceitual aberto aos modos de organização argumentativo-ideológicos. Desta vez, contudo, a intriga, como operação dinamizadora de todos os níveis da articulação narrativa, recebe um elemento que faz a transição entre contar e explicar. A tomada de posição ética por parte de uma consciência resulta em que a implicação ideológica vem sobreposta aos demais níveis da narrativa, instaurando uma subjetividade que escapa ao campo da história.

Segundo Veyne, como vimos, a subjetividade é apenas o lugar de onde são formuladas questões a partir do próprio campo acontecimental, no qual o historiador se dispersa como uma prática entre práticas (neste capítulo). Isso porque a noção de intriga em Veyne não se reduz a um efeito explicativo/representação do cam-

ENREDOS DE CLIO: PENSAR E ESCREVER A HISTÓRIA COM PAUL VEYNE   189

po da história. A intriga deve incluir o campo da história conceitualmente e não se curva à representação de uma subjetividade que lhe é estranha.

Confrontos 3:
narrativa histórica e "intencionalidade" histórica

Conceito de narrativa em geral e conceito de narrativa histórica

A fim de dar prosseguimento aos pontos de confronto entre a narrativa histórica definida de acordo com a articulação narrativo-teórica que Veyne nos convoca a pensar e outras concepções de narrativa, nesta seção daremos destaque à posição de P. Ricoeur a respeito da narrativa. Em primeiro lugar, porque sua obra *Temps et récit* é o que há de mais completo sobre o assunto. Em segundo lugar, porque sua contribuição segue, até quase o limite, a noção de narrativa histórica que vimos tentando elaborar, segundo o caminho trilhado por P. Veyne. Tanto que foi necessário definir os pontos do campo de consistência narrativo-teórico, antes que se pusessem frente a frente ambos os autores. De fato, Ricoeur também acredita que as chamadas teses narrativistas encaminham a superação da exterioridade entre explicação histórica e narrativa. Porém, essas teses não teriam levado até o fim a resolução dos termos que puseram em jogo. Apesar de elas afirmarem que há uma relação homológica entre a estrutura lógica da narrativa e a estrutura do mundo histórico, não chegaram a discernir um elemento ativo, característico do pensamento humano, e mediador dessa relação. De fato, Hayden White, ao qualificar de hermenêutico o pensamento de P. Ricoeur a respeito do conhecimento histórico, afirma que ele filia-se a uma tradição "translacional" que "unifica o intérprete com o *interpretandum*, apreendido em toda a estranheza que o marca como vindo de um 'passado', em uma atividade produtiva de estabelecimento da individualidade e da comunalidade de ambos. Quando esta individualidade-em-comunalidade é estabelecida por meio de uma distância temporal, a espécie de conhecimento-como-compreensão produzido é um conhecimento histórico específico" (White, 1984, p.25). Nesse ponto, contudo, cessa imediatamente a coincidência da contribuição de Ricoeur com as posições que vimos sustentando juntamente com Veyne.

Vejamos, um pouco mais detalhadamente, a construção do argumento principal de Ricoeur, definindo de acordo com esse autor a narrativa em geral e a narrativa histórica.

O ponto de partida é a *Poética* de Aristóteles, com a noção seminal de intriga.

Pode-se dizer, a fim de tomarmos apoio em solo reconhecido, que a *Poética* de Aristóteles fornece a noção paradigmática, para a filosofia, do que seja uma narrativa. Principalmente, no que toca à caracterização da tragédia, a arte mimética mais bem definida no texto aristotélico. A tragédia precisa dispor das seguintes qualidades: "totalidade", "completude" e "extensão apropriada" (Aristóteles, 1944, p.445-7 – 1450b 22/1451a 14). Mas o instrumento para lograr-se esse efeito é a concordância narrativa conseguida por intermédio da "composição de intrigas", denominação dada por Ricoeur que envolve o '*muthos*' aristotélico (ibidem, – 1450a 16/ 1450b 3). Em suma, a necessidade de sucessão que conduz a um fim é constituída, na tragédia, por um artifício narrativo.

Contudo, a lógica de um texto não é suficiente; a intriga precisa estender-se além da ordem lógica da narrativa. É necessário, ainda, que a intriga esteja embebida pelo mundo da práxis, isto é, deve-se fazer reconhecer, na narrativa, a ação de homens concretos. O espectador é afetado e se emociona ao assistir a uma tragédia porque, na lógica do texto, ele encontra a reviravolta, o inesperado, que faz parte da experiência vivida. Somente por meio desse elemento que representa a ação (*mimesis*) é que o espectador atinge o reconhecimento de que a representação refere-se ao mundo histórico (ético ou político) (ibidem, 1944, p.467-1 – 1454b 19/1455a 21). Ou, ainda, destacando a questão cognitiva aí embutida, diz-se que a associação entre reviravolta da ação e reconhecimento, ou seja, a combinação entre o apelo emotivo e a inteligibilidade, permite conhecer o universal que há em uma ação.

Tendo como base a definição dos elementos formadores de toda a narrativa, Ricoeur aproxima-a do conhecimento histórico em suas realizações mais recentes. Aí, percebe um certo eclipse da narrativa, em favor de elementos ditos teóricos. Em suma, a defi-

ENREDOS DE CLIO: PENSAR E ESCREVER A HISTÓRIA COM PAUL VEYNE   191

nição de um conceito de narrativa serve à avaliação do estado geral da historiografia e requisita a conceituação da narrativa histórica. Ora, vimos que toda a avaliação epistemológica de Veyne tem, igualmente, a narrativa histórica como pano de fundo.

Ricoeur procura então avaliar o estado em que se encontra a narrativa histórica, observando o que se diz a seu respeito na teoria da história e os produtos da historiografia recente (Ricoeur, 1983, p.247-50). Constata-se, no geral, um corte epistemológico entre o conhecimento histórico ou história-ciência e a competência de se contar uma história. O corte torna manifesta a necessidade de reatar conhecimento histórico e narrativa. Porém, esses retorno da história ao registro narrativo não poderia dar-se diretamente, pois, então, não ficaria o conhecimento totalmente assimilado pelo aspecto estético-narrativo, tornando a história simplesmente um gênero de *story*, como desejam alguns proponentes da filosofia analítica de língua inglesa? (Gallie, 1964, p.66).

Assim, a religação entre história e narrativa teria de se dar indiretamente por intermédio da noção de "intencionalidade histórica", no sentido que lhe conferiu a fenomenologia de Husserl. A intencionalidade histórica é uma qualidade noética, isto é, onde reside a gênese do sentido ou, em termos comuns, a intencionalidade histórica é o que faz histórica a história.

Percebe-se, por conseguinte, a trama de noções elaborada por Ricoeur. O conhecimento histórico abre-se à narrativa, também histórica, uma vez que os elementos da narrativa em geral lhe são imiscuídos por intermédio do ponto de inflexão fenomenológico, ou seja, por meio de uma historicidade pré-científica dada pela intencionalidade.

Narrativa histórica, "imaginação produtiva" e "significação inteligível"

A narrativa, portanto, atingiria o conhecimento histórico como se fosse o seu próprio elemento, mas quais seriam, segundo Ricoeur, as conseqüências epistemológicas, enfim, que tipo de operação realiza o pensamento na composição de intrigas? Ricoeur responde: "Com a narrativa, a inovação semântica consiste na invenção de uma intriga que ... é uma obra de síntese: em virtude da intriga, os fins, as causas, os acasos, são reunidos sob a unidade temporal de uma ação total e completa" (1983, p.11).

Segundo a definição da narrativa dada por Ricoeur, colocam-se dois objetivos do ponto de vista epistemológico. Um objetivo de ordem geral que consiste em religar a explicação elaborada pelas "ciências semiolingüísticas" à compreensão prévia que resulta da familiaridade fundante com a prática lingüística. Naturalmente, esse objetivo atende à inflexão fenomenológica indicada anteriormente. Por outro lado, destaca-se da definição acima um objetivo de ordem específica que diz respeito à narrativa histórica. Com efeito, o marco da narrativa aristotélica permite que se fale de uma "imaginação produtiva", correspondente à esquematização da "significação inteligível", por oposição a uma racionalidade transcendental-legisladora ou empírico-descritiva que comandaria a narrativa a partir do exterior. O que também atende à inflexão fenomenológica. Em ambos os casos a narrativa é a expressão de uma totalidade histórica que se estabelece em uma instância pré-cognitiva.

A imaginação produtiva, base da significação inteligível da narrativa histórica, seria o lugar próprio onde se opera a composição de intrigas. Essa operação precisa ser explicitada em dois sentidos: o da temporalidade histórica e o da relação cognitiva.

A intriga é a *mimesis* de uma ação; exerce-se no campo da ação e de seus valores temporais. A intriga configura nossa experiência temporal confusa, assim como, na poesia, a metáfora redescreve uma realidade inacessível à descrição direta, isto é, a realidade dada a uma racionalidade empírico-descritiva.

Nesse ponto, Ricoeur visa atingir duas questões. Em primeiro lugar, sugere um reparo à idéia generalizada de que a metáfora perfaz a função poética que, por oposição à função referencial da linguagem, nada refere (1975, p.274-6). Em segundo lugar, e paralelamente, a intriga seria o instrumento da narrativa para referir a experiência do tempo, superando a *distentio animi* agostiniana: "O que, por conseguinte, é o tempo? Se ninguém me perguntar, eu sei; se quiser explicar a quem me faz a pergunta, já não sei" (Santo Agostinho, 1989, p.278).

ENREDOS DE CLIO: PENSAR E ESCREVER A HISTÓRIA COM PAUL VEYNE

Sendo assim, compor uma intriga é um ato poético por excelência, é o triunfo da concordância sobre a discordância, sobre o que há na experiência do tempo de dilacerante e inacessível à descrição direta.

Resta-nos averiguar, ainda, como, no interior do quadro da configuração da temporalidade, Ricoeur resolve o problema da relação cognitiva válida para a narrativa histórica, cujo procedimento básico é a composição de intrigas. Pelo próprio caráter da intriga, portanto, vê-se que a história não poderia romper toda sua ligação com a narrativa sem perder seu caráter histórico. E isso, antes de mais nada, porque a intriga restitui a experiência do tempo vivido. Entretanto, como foi assinalado, essa ligação não pode ser direta. De fato, na história, a intriga precisa configurar a intencionalidade histórica. E esse seria o argumento pelo qual o conhecimento histórico, por recurso a uma instância pré-cognitiva, se esquivaria à racionalidade transcendental-legisladora. Em suma, para Ricoeur, a narrativa histórica não obedece a uma relação cognitiva no sentido do encontro entre sujeito e objeto em uma esfera cognitiva, pois, se fosse assim, perder-se-ia a possibilidade da apresentação da temporalidade histórica.

Conseqüência da narrativa histórica, segundo a intencionalidade, para o conhecimento histórico segundo Paul Ricoeur

Deve-se procurar o elemento intencional-histórico que "faz a qualidade histórica da história e a preserva de se dissolver nos saberes aos quais a história se junta por seu casamento, via razão, com a economia, a geografia, a demografia, a etnologia, a sociologia das mentalidades e das ideologias" (Ricoeur, 1983, p.253). Isso porque a destinação da investigação histórica seria a de conhecer um mundo da ação já configurado por uma atividade narrativa, anterior, quanto ao sentido, à história-ciência.

Desde que se forja esse enlace, pode-se sintetizar os pontos de discordância que a teoria da narrativa histórica de P. Ricoeur apresenta com relação à noção de narrativa que vimos procurando elaborar. Novamente, a estrutura do juízo reflexivo de Kant, como pudemos observar anteriormente, fornece um bom quadro de referência para esse confronto (neste capítulo).

O centro de composição de intrigas, segundo assinala Ricoeur, é uma imaginação, assim como o é para o juízo reflexivo. No entanto, o ato de composição dessa imaginação é, ele mesmo, produtivo, não ficando dependente, portanto, de que um ato do entendimento tenha de reconhecer o finalismo da natureza para produzir, enfim, um juízo reflexivo de acontecimentos dispersos. Para que a imaginação seja produtiva, é necessário que ela se apóie em uma função mimética capaz de imitar a temporalidade discordante dos acontecimentos. Por esse motivo, o ato produtivo da imaginação precisa pressupor, ainda, sua realização em uma instância pré-cognitiva, que, justamente, não é dotada de um entendimento legislador que constranja a subjetividade da imaginação, nem de uma destinação supra-sensível da razão humana que indique os limites e alcance das operações dessa subjetividade na imaginação.

Do ponto de vista da narrativa histórica para a qual procuramos fornecer um perfil, a relação entre a temporalidade e a subjetividade pré-cognitiva estabelecida por Ricoeur apresenta uma redução que lhe é estranha. Sim, pois, os conceitos e teorias seriam forjados por uma subjetividade pré-cognitiva para apreender a temporalidade que se encontra nos acontecimentos. Dessa forma, a noção de intriga de Ricoeur precisa pressupor um lugar determinado onde a subjetividade pudesse apresentar a temporalidade histórica narrativamente, isto é, uma totalidade de tipo pré-cognitivo onde ambas pudessem encontrar-se "ingenuamente".

De acordo com essas posições é que Ricoeur formulará uma questão diretamente para Veyne: "Mas todo entrecruzamento de séries é uma intriga?" (1983, p.241). Com essa questão, Ricoeur sugere que nem todo acontecimento, isto é, nem todo entrecruzamento de séries, é histórico. A própria noção de série se tornaria, portanto, obsoleta, já que uma historicidade determinaria quais os acontecimentos históricos, isto é, aqueles que compõem uma intriga. Vejamos que a resposta de Veyne a essa questão aprofunda a ligação do objeto histórico à narrativa histórica, sem apelo a uma instância discriminante.

Veyne também deseja levar a temporalidade e a relação cognitiva para uma mesma instância. No entanto, isso não se daria por meio de uma redução das funções do entendimento, e sim median-

ENREDOS DE CLIO: PENSAR E ESCREVER A HISTÓRIA COM PAUL VEYNE

te o encontro de ambas na instância da singularidade, isto é, do acontecimento. Nessa instância, o conhecimento histórico não teria de lançar mão de um lugar isento para sua realização, mas sim realizar-se de acordo com o acontecimento.

A subjetividade pode ser estruturada como um acontecimento entre outros, e, por isso, pode dispersar-se pela singularidade de seus objetos, elaborando conceitos e teorias históricos cuja modalidade é narrativa. Ao passo que, para Ricoeur, um acontecimento para ser histórico precisa ser mais do que um acontecimento singular. Enfim, a promoção de uma representação ordinária do tempo à uma expressão do tempo onde há historicidade (intencionalidade histórica) é uma função narrativa justamente por causa desse salto qualitativo, resume White o posicionamento de Ricoeur (White, 1984, p.27-8). Pelo contrário, para Veyne, tudo se passa como se fosse almejado ver os acontecimentos libertos tanto de uma razão transcendental que guia o juízo reflexivo quanto da imaginação produtiva que espreita uma instância pré-cognitiva. Por isso, pode-se dizer que a narrativa histórica é o conjunto do trabalho historiográfico, no sentido não de um encaixe entre procedimentos que derivam de um centro qualquer, mas da articulação entre tarefa narrativa e tarefa teórica que são como que dobradas uma sobre a outra na singularidade dos acontecimentos.

Confrontos 4: método histórico e narrativa histórica

"Método conjectural ou semiótico" e as pistas de Sherlock Holmes: a superfície que oculta o fundo

Nos itens anteriores do confronto tivemos oportunidade de tratar a narrativa histórica em relação a acontecimentos e conceitos, causalidade, temporalidade, relação cognitiva. Falta observar de que modo é possível conduzir metodologicamente a narrativa histórica.

O apelo para que os historiadores se atenham ao detalhe cultural como foco de análise representa, para Ginzburg, a adesão do conhecimento histórico ao método das "disciplinas conjecturais". Estas, estabelecidas durante o século XIX, configurariam o "paradigma conjectural ou semiótico", segundo o qual algumas áreas do conhecimento são irredutíveis à matematização das ciências naturais.

Assim, por exemplo, a semiótica médica ou sintomatologia necessitava de um método peculiar pelo qual se diagnosticasse uma doença indiretamente via sintomas apresentados e/ou descritos pelo paciente. Além disso, a caracterização de uma doença sempre assume traços individuais, de modo que a observação médica não podia eliminar o qualitativo de suas considerações. A observação dos sintomas levava em conta a pressuposição de um todo por trás dos aspectos manifestados, pois a própria existência de uma doença depende da vida que põe em funcionamento o corpo. Um cadáver pode ser dissecado e a fonte da doença identificada, mas, então, o corpo já não pode ser tomado em seu conjunto como uma função vital (Ginzburg, 1980, p.20-2).

Ainda segundo Ginzburg, o paradigma conjectural seria utilizado por Sherlock Holmes como fundamento para suas investigações. A argúcia do detetive concentrava-se nos detalhes, encontrando neles, através de articulações conjecturais, as pistas que levavam à solução dos crimes. Em um dos casos policiais que tem de enfrentar, este relatado em "The cardboard box" (1892), Holmes observa duas orelhas cortadas que uma senhora havia recebido em um pacote. Nota que as orelhas da caixa possuem semelhanças com as da senhora que está a sua frente, espantada com a maneira pela qual o detetive a espreita. Holmes deduz que a semelhança dificilmente seria uma coincidência, já que seus conhecimentos de anatomia asseguravam-lhe que a orelha é um dos órgãos que mais possuem "peculiaridades anatômicas", de modo que a vítima era parente consangüíneo, "provavelmente muito próximo", da senhora em questão (Ginzburg, 1980, p.8-9).

A extensão atribuída por Ginzburg ao paradigma conjectural parece superdimensionada. No mínimo, desconhece-se a especificidade de cada método, quando se alega haver entre eles uma afinidade tal que ignora os âmbitos diferenciados. Além disso, o método de Holmes não se pauta na busca do detalhe, como fazem os detetives vulgares que esquadrinham o local suspeito. Holmes procede por associação informada pelo acúmulo de conhecimento. Somente assim suas pistas se tornam "quentes".

ENREDOS DE CLIO: PENSAR E ESCREVER A HISTÓRIA COM PAUL VEYNE   197

A fina percepção de Holmes, informada pelo conhecimento médico, expressa-se em observações empíricas nas quais a ligação entre o detalhe (pista) e o fato maior, isto é, a identidade da vítima, faz-se por meio de uma conjectura por evidência. Ao contrário da sintomatologia médica e das demais disciplinas conjecturais, o método de Holmes aduz uma hipótese a ser comprovada, ao passo que a etiologia médica constrói hipóteses sobre a causa de uma doença, mas não atinge jamais o grande fato que pressupõe como a origem da disfunção orgânica, ou seja, a vida, conforme Foucault (1966, p.284-6, 290-1).

Em comparação, o historiador ginzburguiano ou materialista-histórico talvez seja mais inspirado do que seus colegas conjecturais e holmianos. Eles não estão simplesmente à procura de pistas que indiquem a ligação entre eventos de duas magnitudes e da ordem da evidência empírica, embora busquem decifrar "fenômenos de superfície". Não lidam com sintomas por trás dos quais se oculta a vida; embora busquem decifrar "realidades mais profundas" e "conexões profundas" atendo-se aos detalhes culturais (Ginzburg, 1980, p.13, 27). Em suma, nos detalhes a que se dedica o historiador, não se procura apenas uma hipótese ou um diagnóstico sobre a história, mas uma explicação que, envolvendo a cultura e o movimento da história, pode reconstituir em eventos individuais a própria historicidade do homem. E para tanto, como vimos, não basta o método de Holmes e das disciplinas conjecturais, mas, por trás dele, uma certa noção de totalidade histórica (neste capítulo). Tendo em vista isso, observa-se que o que está em jogo não é a possibilidade de a partir do detalhe atingir o todo, porém por que caminhos se estabelece a ligação entre um e outro.

As séries de Auguste Dupin: a superfície que revela a superfície

Diante de todas essas considerações, talvez fosse mais apropriado que o historiador não se restringisse à extensão problemática do paradigma conjectural ou semiótico. E, para iniciar um deslocamento em relação ao mesmo, deveria observar o método de Holmes em conjunto com o de Auguste Dupin, o detetive de Allan Poe em "A carta roubada" (1839). Ambos os métodos utilizam o detalhe, embora não o tomem como ponto de partida. O conto de Poe citado permite fazer algumas considerações, com base na aproximação entre os dois detetives, que a assimilação de Holmes ao método conjectural, feita por Ginzburg, não permitia.

O grande problema para Dupin não é exatamente o método, pois estes podem ser perfeitos e conduzidos com o máximo rigor, mas, ainda assim, deparar-se com um objeto que está fora de seu alcance. Dupin comenta a aparente contradição entre a aplicação da polícia parisiense e seu freqüente insucesso, esclarecendo que os investigadores "não variam de método ... eles ampliam ou exageram seus velhos métodos de ação, sem mexer-lhes nos princípios" (Poe, 1987, p.237). Em outras palavras, o investigador encontrará o objeto com paciência e obstinação, se, e somente se, o princípio do objeto procurado estiver compreendido dentro dos princípios do próprio investigador.

O chefe da polícia de Paris, depois de todos os esforços, considera-se incapaz de resolver o caso da carta roubada e, apreensivo quanto a sua reputação, pede auxílio a seu amigo Dupin, a quem confidência o caso. As circunstâncias são bastante simples. O ministro D... roubara nos aposentos reais uma carta que lhe conferia poder de extorsão sobre um outro personagem notável, que desejava ocultar o documento de terceiros. A carta é roubada justamente no momento em que o personagem notável oculta a carta de um terceiro personagem que entra nos aposentos reais enquanto a lê. Perspicazmente, ato contínuo, coloca-a sobre a mesa como uma carta qualquer. Assim, ao entrar, a pessoa teria visto o objeto, mas jamais suspeitaria que a carta fatal estaria à mão. Ao mesmo tempo, o ministro, como se assistisse à cena do exterior, percebe a astúcia do personagem notável, e, imediatamente, substitui (rouba) a carta, colocando outra qualquer em seu lugar. O personagem notável, pensando ter logrado a pessoa que entra no aposento, é logrado pelo ministro, e pela mesma razão: ocultando o objeto sob uma evidência.

De fato, o caso resume-se a esta questão: como recuperar a carta sem que o ministro saiba, já que a divulgação do roubo poria a perder o segredo que o personagem furtado pretendia esconder. Quanto a esse aspecto, as circunstâncias que compõem o caso são totalmente diversas daquelas que costumam caracterizar os casos

ENREDOS DE CLIO: PENSAR E ESCREVER A HISTÓRIA COM PAUL VEYNE   199

que envolvem o "método conjectural". A carta a ser recuperada é um objeto reconhecido por todos os envolvidos, tanto os implicados quanto os investigadores, portanto, não existe um fato maior a ser alcançado por indução empírica. Não há, por outro lado, nenhuma dúvida de quem seja o criminoso e quais os desígnios que coordenam suas ações. Não existe, logo, entre o objeto e os personagens, nenhuma pista que permita a Dupin inferir empiricamente, uma evidência, e, daí, articular suas investigações.

O detetive de Poe compreende que seu objeto é o lugar onde se encontra a carta, e não a própria carta como objeto material. Ou melhor, o objeto material ocuparia apenas uma função secundária no desenrolar dos fatos. Afinal, a carta, enquanto objeto material, permite identificar os interessados, no entanto, para recuperar essa carta, seria preciso encontrar o lugar da carta, o qual se desloca de acordo com uma evidência que é evidente ou oculta, dependendo do olhar daquele que a procura.

Sem dúvida, Dupin reconhece o paradigma conjectural definido anteriormente, uma vez que ele também esclarece que "os axiomas matemáticos não são axiomas de verdade geral". Em algumas ciências, "é muito comumente inverídico que a soma das partes seja igual ao todo" (Poe, 1987, p.238-9). Em suma, ele não admite, assim como não admitem as disciplinas conjecturais, a mera formalização de seus métodos; contudo, por outra parte, ele vale-se do método conjectural apenas como instrumento de análise.

Sendo assim, os procedimentos de Dupin não podem corresponder à aplicação do paradigma conjectural às ciências humanas. O lugar onde se encontra a carta é o lugar onde se encontra a carta, embora não seja visível para todos. Quer dizer, o objeto não representa nada além de si mesmo, de forma que nenhum detalhe, nenhum "fenômeno de superfície", poderia dar acesso a uma "conexão profunda". O objeto se esgota na superfície, embora, repita-se, ele seja visível ou invisível, passe por evidência ou por segredo, de acordo com a posição do olhar de cada envolvido. Com efeito, ater-se aos detalhes, nesse caso, seria apenas a exacerbação da idéia de que o objeto encontra-se dentro dos princípios que o investigador ou o historiador toma para si como sendo fundamentais para sua investigação ou para o conhecimento histórico (a cultura, o movimento da história). Atendo-se aos detalhes culturais, o historiador estará cego para determinados objetos, assim como o chefe de polícia estava incapacitado de ver a carta. Por isso, Dupin argumenta contra o método centrado na minúcia: "Que significam todas essas perfurações e exames e sondagens e investigações com o microscópio ... que significa tudo isso senão um exagero da aplicação do único método que se baseia sobre um único grupo de noções relativas à engenhosidade humana, com as quais o chefe de polícia se acostumou, na longa rotina de suas funções?" (Poe, 1987, p.237).

O objeto da história inspirado em Poe não se baseia nem em uma evidência material da história, nem, muito menos, configura um objeto do qual se espera que seja reconhecido pelo historiador como portador da cultura ou do movimento da história. Em ambos os casos, simplesmente, o objeto de Dupin estaria fora do campo de visão e de investigação do historiador.

A carta roubada não foi encontrada pela polícia parisiense apesar de suas longas e minuciosas investigações. O ministro, repetindo a astúcia do personagem notável que oculta a carta evidenciando-a, compreende que, de acordo com o método utilizado pela polícia parisiense, a carta jamais seria achada se ela fosse deixada no local mais evidente, isto é, em sua escrivaninha junto a outras cartas comuns. E, afinal, como Dupin pode chegar a recuperá-la?

O detetive não faz mais do que cruzar duas séries para encontrá-la, como indica Deleuze. Numa primeira série, o personagem que deseja esconder a carta pensa ocultá-la deixando-a em evidência; o ministro tudo percebe e toma a carta. Numa segunda série, o ministro, que agora deseja esconder a carta, pensa ocultá-la deixando-a em evidência; Dupin tudo percebe e retoma a carta (Deleuze, 1974, p.289). Dupin, cruzando duas séries, percebe que há entre elas relações bastante definidas, que se exprimem regularmente por meio de um jogo visibilidade e invisibilidade do lugar da carta, a qual, materialmente, está sempre em evidência, sempre na superfície. E é justamente dessas relações sistematizadas por ele que o habilitam a recuperar a carta.

A carta, o lugar da carta, como foi observado, não é nem um objeto que interessa como dado empírico, nem é um objeto que

ENREDOS DE CLIO: PENSAR E ESCREVER A HISTÓRIA COM PAUL VEYNE   201

supõe-se levar a uma realidade mais profunda. O objeto torna-se somente o ponto de articulação entre duas séries divergentes, mas que estabelecem relações objetivas entre si. Em cada uma das séries, o sujeito (o historiador) também se desloca, de acordo com o deslocamento do campo de visibilidade do objeto. Estabelecendo o paralelo com o conto de Poe, vejamos. Na primeira série, é o ministro que detém o segredo da evidência. Na segunda, é Dupin que torna a evidência evidente para si.

Os argumentos reunidos permitem indicar que o historiador poderá inspirar-se no exemplo do detetive Dupin a fim de fazer valer a estratégia metodológica suscitada pela articulação narrativo-teórica aqui tomada como campo de reflexão. Basta considerar que as questões colocadas para seus objetos, e as respostas a essas questões, variam de acordo com uma estratégia de articulação do método, incluindo a posição da subjetividade do historiador (ibidem, p.297).

Em certas totalidades históricas diferentes de nossos pontos de reflexão a respeito da articulação narrativo-teórica, os objetos apenas admitem questões e somente são portadores de respostas à totalidades que dizem respeito ao progresso da humanidade, a figuras de sentido da história, ou a significações culturais. Ao mesmo tempo, o sujeito (o historiador) tem necessariamente seu campo de visão ajustado a esses objetos. Ora, isso equivale a dizer que, embora varie a escolha dos objetos, as questões que o historiador pode formular são basicamente as mesmas em qualquer caso. É como se o historiador, contrariando o método de Dupin, enxergasse apenas uma série.

Em certas totalidades históricas, por outro lado, o sujeito é entendido como formulador de proposições que são homólogas em relação à realidade que elas descrevem. Assim o objeto fica sendo a fonte de verificação empírica capaz de depurar as proposições induzidas no sujeito do conhecimento por uma subjetividade selvagem à formalização lógica.

Nesses casos, como foi visto, a narrativa histórica está, respectivamente, monitorada e reduzida à descrição. Monitorada, pois ela é guiada por algo que se encontra em um nível mais profundo do que os acontecimentos narrados. Reduzida à descrição, pois os acontecimentos narrados são apenas dados que confirmam proposições lógicas (neste capítulo). Ao contrário, a narrativa histórica de acordo com o método de Dupin, descreveria objetos que não são evidências empíricas, embora tenham existência material, pois deslocam-se de acordo com as questões que o historiador apresenta para ele. Além disso, esses objetos estão totalmente na superfície, embora somente se tornem visíveis com as questões apresentadas pelo historiador.

Quanto mais questões, mais séries em que o objeto pode ser narrado. O importante para o historiador é não restringir a tarefa narrativa às séries onde julga situar-se uma realidade mais profunda ou às séries formalizadas, mas elaborar uma tarefa teórica que permita escolher qualquer objeto histórico, e que permita conhecer as condições específicas desses objetos, não suas leis gerais. O importante é que a tarefa narrativa possa descrever qualquer feixe de séries, porém, igualmente, deve-se conceber uma tarefa teórica que explique a regularidade que existe na multiplicidade das séries, sem apelo à profundidade dos finalismos humanos históricos ou à linha cronológica lógico-empirista. Somente dessa maneira seria possível um acoplamento entre as tarefas do conhecimento histórico que permita à narrativa histórica voltar-se para seus próprios recursos e possa inserir-se no campo constituído pela reflexão a respeito da articulação narrativo-teórica.

CONCLUSÃO

ARTICULAÇÃO VI, RESUMO CONCLUSIVO: DOBRA NARRATIVO-TEÓRICA

A articulação narrativo-teórica interliga a tarefa narrativa e a tarefa teórica em cinco articulações (Capítulo 5). A articulação I acopla o acontecimento e o conceito, isto é, apresenta uma determinada generalização da base empírica. A articulação II acopla a diferença temporal e a diferença intensiva, isto é, apresenta o caráter temporal do acontecimento. A articulação III une o específico e a especificidade, isto é, apresenta o modo de existência do acontecimento. A articulação IV acopla a causalidade e a generalização histórico-causal, isto é, apresenta uma explicação histórica própria ao acontecimento. A articulação V acopla os elementos da tarefa narrativa e da tarefa teórica que perfazem um método narrativo-teórico capaz de instrumentalizar, por meio de uma tópica de conceitos e de um questionário histórico, todas as articulações, isto é, ela contém certa relação cognitiva entre sujeito e objeto do conhecimento histórico.

A articulação narrativo-teórica, então, além de reunir reflexões que envolvem o conjunto do trabalho historiográfico, é, ela própria, o elemento narrativo-teórico procurado pelo historiador veyniano. Essa articulação é o elemento procurado em cada uma

204

HÉLIO REBELLO CARDOSO JR.

das articulações. Ela não pode ser realizada simplesmente por uma justaposição de procedimentos narrativos e teóricos. Cada articulação narrativo-teórica propõe a reflexão a respeito de um componente da tarefa narrativa que se dobra teoricamente, e, vice-versa, um componente da tarefa teórica que se dobra narrativamente. Para apresentar a dobradura própria a esse elemento narrativo-teórico nas articulações enumeradas, tornou-se necessário lançar mão da noção de prática, que catalisa, em todas as articulações, um campo de reflexão narrativo-teórica estabelecido pelo conjunto do trabalho historiográfico.

Ora, o elemento da dobra narrativo-teórica é a própria narrativa histórica, ou seja, a articulação VI. O que se apresenta nessa articulação, por conseguinte, não é apenas o acoplamento entre um componente e outro, mas a própria dobra de uma tarefa na outra, vivificada por questões que pedem a conjunção.

Para definir a noção de narrativa histórica de acordo com os pontos de reflexão fornecidos pela articulação narrativo-teórica, procedeu-se a vários confrontos que vale a pena sintetizar, obviando suas implicações.

Apresentou-se a situação na qual se assinalava a exterioridade histórica e a narrativa histórica. Nesse caso, a narrativa era apenas um meio de apresentação. Quer dizer, o conjunto do trabalho historiográfico não vinha associado à dobra narrativo-teórica, de modo que tanto a relação cognitiva quanto a temporalidade histórica eram definidas por certas totalidades históricas.

No entanto, desde que o plano de consistência narrativo-teórico articula explicação e narrativa, o trabalho historiográfico torna-se função da dobra narrativo-teórica. Dessa forma, conjura-se o "grande temor" da Escola dos Annales de que uma história-narrativa fosse cooptada pela subjetividade das fontes ou que ela ocultasse uma filosofia da história. Temor este bem expresso nas palavras de Braudel (1969, p.13): "Eu afirmo ... que a história-narrativa não é um método, nem método objetivo por excelência, mas uma filosofia da história". Com Veyne, a narrativa histórica pode aplacar esses medos pois o campo de reflexão por nós percorrido define, entre suas articulações narrativo-teóricas, procedimentos historiográficos que se esquivam tanto à ótica das fontes quanto à filosofia da história.

ENREDOS DE CLIO: PENSAR E ESCREVER A HISTÓRIA COM PAUL VEYNE   205

Ao mesmo tempo, a articulação narrativo-teórica parece auxiliar na solução do impasse a que chegou a historiografia marxista inglesa, em seu debate a respeito da narrativa histórica. Muito embora, segundo H. White, o materialismo histórico não dispusesse das categorias necessárias para tratar a questão, de modo que o debate se resumia ao choque entre uma "historiografia científica", isto é, de acordo com o próprio materialismo histórico, e a "história narrativa", cujo caráter seria francamente idealista (White, 1984, p.15). Seja como for, é digno de nota que a narrativa histórica não é apenas a aproximação a procedimentos mais empíricos, como defende E. P. Thompson, mas contém componentes narrativo-teóricos (Thompson, 1978, p.17-20, 24-5, 39-45). Por outro lado, a narrativa histórica não foge à elaboração teórico-conceitual, como advertia P. Anderson, mas contém componentes que apresentam articulações da teoria à própria narrativa (Anderson, 1980, p.98, 162).

Foi necessário confrontar o plano de consistência da articulação narrativo-teórica delimitado por nossas reflexões não apenas com exemplos do debate entre os historiadores, mas com determinados pontos de vista filosóficos que procuram igualmente fornecer meios para a superação da exterioridade aludida entre explicação histórica e narrativa.

Quanto a isso, observou-se como as teses narrativistas procuravam resolver a questão da exterioridade a partir dos termos colocados pelo empirismo lógico de Hempel e Dray. Mas, se as referidas teses lograram sucesso em seu intento, a noção de narrativa histórica por elas apresentada não preenchia as exigências implicadas na definição da dobra narrativo-teórica. Do ponto de vista desta última, as teses narrativistas deixavam à mostra ora o defeito de apresentarem uma narrativa linear-cronológica, caso em que a subjetividade do historiador era apenas coletora de dados empíricos, ora o defeito de apresentar uma narrativa atemporal, caso em que a subjetividade do historiador possuía um caráter transcendental. E era assim, pois, embora as teses narrativistas se voltassem para o acontecimento como foco do conhecimento histórico, não o caracterizavam como cruzamento de séries, com faz Veyne.

Por fim, tratou-se da solução fenomenológica dada por P. Ricoeur. Este autor procura solucionar os defeitos das teses narrativistas em uma instância pré-cognitiva, onde subjetividade e temporalidade se interseccionariam. As tarefas narrativa e teórica somente poderiam ter início após a determinação de um campo da história anterior à história-ciência. Pelo contrário, a articulação VI define-se a partir de um campo da história formado por acontecimentos cuja conceituação congeminam tarefa narrativa e tarefa teórica, desde que a narrativa histórica seja concebida como uma dobra narrativo-teórica.

Quando o historiador veyniano entrega-se ao esforço narrativo, esse esforço se dobra de uma experimentação teórico-conceitual. Quando esse historiador estuda as produções eminentemente teóricas, essa leitura se dobra de uma sondagem das potências narrativas do conceito. Em suma, o trabalho em cada um desses planos se redobra pelo trabalho no outro plano por força das questões remetidas de um a outro. A tessitura da dobra se faz ao longo dos questionários, como vimos no Capítulo 5.

Esse é o excedente que confronta o campo de reflexão da articulação narrativo-teórica com as noções de totalidade histórica que presidem tanto as teses narrativistas quanto a fenomenologia de Ricoeur. O mesmo se dá em relação às noções de totalidade histórica que certos historiadores julgam indispensáveis ao trabalho historiográfico.

Com efeito, a noção de narrativa histórica concebida por Paul Veyne está pronta a informar as realizações mais recentes tanto da historiografia marxista inglesa quanto da "história nova", as quais têm realizado obras de caráter narrativo. No entanto, o auxílio da articulação VI somente se torna possível uma vez que o empreendimento veyniano não seja assimilado à "história-narrativa" que poria a perder o projeto de uma "história social total", segundo a tradição da Escola dos Annales. Essa assimilação é feita por J. Le Goff quando afirma a respeito de Veyne: "Se ... a defesa de uma história que absorva a sociologia e a antropologia vai no sentido de tendências profundas da história nova, em compensação a noção ambígua de intriga ... o recurso privilegiado às noções e ao vocabulário filosóficos ... evocam um discurso subjacente de tipo tradicional" (Le Goff, 1990, p.57). Por outro lado, há os historiadores que advertem, como C. Flamarion Cardoso, que a perda de uma suposta totalidade nas realizações narrativas da "história nova", destituídas assim da perspectiva de uma "história total", torná-las-ia inúteis para a cooperação com o materialismo histórico (Cardoso, 1988, p.98, 100-2).

Em ambos os casos, observa-se não exatamente o equívoco da questão colocada, mas o caráter desmobilizador do sentido de sua formulação. Em vez de indagar que totalidade perdeu-se com os frutos historiográficos da narrativa histórica, é preciso indagar, como nos incita Veyne, que totalidade pode ser encontrada neles.

A pergunta veyniana sobre a narrativa histórica, enfim, atinge o âmago das novas relações entre o trabalho historiográfico e o trabalho filosófico, pois a resposta é encaminhada, como assinala L. Costa Lima, não por meio de uma solução de compromisso que situaria o conhecimento histórico entre a ficção e a ciência, mas pela definição da história como um saber que possui uma positividade própria (Costa Lima, 1988, p.86-7). Positividade que procuramos aqui apresentar por meio de uma explicitação desse plano de consistência em que se organiza a dobradura da tarefa narrativa e da tarefa teórica do conhecimento histórico.

REFERÊNCIAS BIBLIOGRÁFICAS

ALTHUSSER, L. *Les Nouvelles Littéraires*, 8 juin 1978.

ANDERSON, P. *Arguments Within English Marxism*. London: NLB, 1980.

ARISTÓTELES. *Art rhétorique et art poétique*. Paris: Garnier, 1944. (edição bilíngüe grego e francês).

_____. *La méthaphisique*. 2.ed. Paris: J. Vrin, 1948. t.I.

_____. *Les parties des animaux*. Paris: Les Belles-Lettres, 1956. (edição bilíngüe grego e francês).

ARON, R. *Introduction à la philosophie de l'histoire*: essai sur les limites de l'objectivité historique. Paris: Gallimard, 1948.

_____. *Dimensions de la connaissance historique*. Paris: Plon, 1961.

_____. *Philosophie critique de l'histoire*. Paris: J. Vrin, 1969.

_____. Comment un historien écrit l'épistemologie. *Annales E. S. C.*, 26ème année, n.4, 1971.

BERGSON, H. *L'être et le mouvant*. 27.ed. Paris: PUF, 1950.

BESSELAAR, J. *Introdução aos estudos históricos*. 5.ed. São Paulo: EPU/USP, 1979.

BLOCH, M. *Apologie pour l'histoire*. Paris: A. Colin, 1959.

BORDÉ, G., MARTIN, H. *As escolas históricas*. Lisboa: Europa-América, s. d.

BORGES, J. L. Del rigor en la ciencia. In: _____. *Obras completas*. 15.ed. Buenos Aires: Emecê, 1974.

BRAUDEL, F. La longue durée. In: _____. *Écrits sur l'histoire*. Paris: Flammarion, 1969.

CARDOSO, C. F. Uma "nova história?". In: _____. *Ensaios racionalistas*. Rio de Janeiro: Campus, 1988.

210   HÉLIO REBELLO CARDOSO JR.

CARR, E. H. *What is History?* New York: Vintage Books, 1961.

CHALHOUB, S. *Trabalho, lar e botequim.* São Paulo: Brasiliense, 1986.

_____. *Visões da liberdade.* São Paulo: Companhia das Letras, 1990.

CÍCERO. *Divisions de l'art oratoire. Topiques.* 2.ed. Paris: Les Belles-Lettres, 1960. (edição bilíngüe latim e francês).

CLAUSEWITZ, C. von. *De la guerre.* Paris: Minuit, 1955.

COLLINGWOOD, R. G. *The Idea of History.* 3.ed. Oxford: Clarendon Press, 1949.

COMTE, A. Cours de philosophie positive. In: _____. *Oeuvres d'Auguste Comte.* Paris: Anthropos, 1968. t.I e IV.

COURNOT, A. A. Traité de l'enchaînement des idées fondamentales dans les sciences et dans l'histoire. In: _____. *Oeuvres complètes.* Paris: J. Vrin, 1982. (fac-símile).

_____. Exposition de la théorie des chances et des probabilités. In: _____. *Oeuvres complètes.* Paris: J. Vrin, 1984. (fac-símile).

COSTA LIMA, L. Clio em questão: a narrativa na escrita da história. In: RIEDEL, D. C. (Org.) *Narrativa:* ficção e história. Rio de Janeiro: Imago, 1988.

CROCE, B. *Teoria e storia de la storiografia.* 6.ed. Bari: Laterza & Figli, 1948.

_____. *Primi saggi.* Bari: Laterza & Figli, 1951.

DANTO, A. C. *Analytical Philosophy of History.* Cambridge: Cambridge University Press, 1965.

DARNTON, R. *O grande massacre dos gatos.* Rio de Janeiro: Graal, 1986.

DELEUZE, G. *Différence et répetition.* Paris: PUF, 1968.

_____. Em que se pode reconhecer o estruturalismo. In: CHÂTELET, F. (Dir.) *História da filosofia.* Rio de Janeiro: Zahar, 1974. v.VIII.

DELEUZE, G., GUATTARI, F. *Capitalisme et schizophrénie:* mille plateaux. Paris: Minuit, 1980.

DILTHEY, W. Einleitung in die Geisteswissenschaft. In: *Wilhelm Dilthey Gesammelt Schriften.* Unverändert Auflage. Göttingen: Vandenhoeck & Ruprecht, 1973. bd. I.

DRAY, W. *Laws and Explanations in History.* London: Oxford University Press, 1957.

_____. Explaining "what" in history. In: GARDINER, P. (Ed.) *Theories of History.* 8.ed. New York: The Free Press, 1967.

_____. On the nature and role of narrative in historiography. *History and Theory,* v.X, n.2, 1971.

DUBY, G. Histoire des mentalités. In: SAMARAN, C. (Dir.) *L'histoire et ses méthodes.* Paris: Gallimard, 1967. (Enc. de la Pléiade).

ENREDOS DE CLIO: PENSAR E ESCREVER A HISTÓRIA COM PAUL VEYNE   211

ECO, U. *Obra aberta*: forma e indeterminação nas poéticas contemporâneas. 2.ed. São Paulo: Perspectiva, 1971.

FEBVRE, L. *Combats pour l'histoire*. 2.ed. Paris: A. Colin, 1965.

FOUCAULT, M. *Les mots et les choses*. Paris: Gallimard, 1966.

_____. *L'archéologie du savoir*. Paris: Gallimard, 1969.

FURET, F. L'histoire quantitative et la construction du fait historique. *Annales E. S. C.*, XXVI, n.1, 1971.

_____. *A oficina da história*. Lisboa: Gradiva, s.d.

GALLIE, W. B. *Philosophy and Historical Understanding*. New York: Schoken Books, 1964.

GIANNOTTI, J. A. Histórias em razão. In: _____. *Filosofia miúda*. São Paulo: Brasiliense, 1985.

GRANGER, G. G. L'histoire comme analyse des oeuvres et comme analyse des situations. *Médiations*, n.1, 1961.

_____. *Pensée formelle et sciences de l'homme*. Paris: Aubier-Montaigne, 1967.

GINZBURG, C. Morelli, Freud and Sherlock Holmes: clues and scientific method. *Workshop, a journal of socialist historians*, v.9, spring, 1980.

HEGEL, G. W. F. Vorlesungen über die Aesthetik, bd. III, vierte Auflage. In: *Samtliche Werke*, vierzehnter bd. Sttutgart: Friedrich Frommann, 1964.

HEMPEL, C. G. Reasons and covering laws in historical explanation. In: HOOK, S. (Ed.) *Philosophy and History*: A Symposium. New York: New York University Press, 1963.

_____. *Aspects of Scientific Explanation and Other Essays in the Philosophy of Science*. New York: The Free Press; London: Collier-Macmillan, 1965.

HUIZINGA, J. *O declínio da Idade Média*. Lisboa, Rio de Janeiro: Ulisséia, s. d.

HUME, D. *Enquire Concerning Human Understanding*. La Salle, Illinois: Open Court, 1963a.

_____. *Treatise of Human Nature*. La Salle, Illinois: Open Court, 1963b.

JAMES, W. *Pragmatismo*. 3.ed. São Paulo: Nova Cultural, 1989. (Os Pensadores).

KANT, I. Kritik der Reinen Vernunft. In: *Kant's Werke*. Berlin: Georg Reimer, 1911. bd. III.

_____. Kritik der Urtheilskraft. In: *Kant's Werke*. Berlin: Georg Reimer, 1913. bd. V.

_____. Algemeine Elementarlehre. *Logik*. Berlim, Leipzig: Walter de Grunter & Co., 1923. Kant's *gesammelte Schriften*, bd. IX.

KANT, I. *Ideen Zur Eine Weltgeschichte in Weltbügerlicher/Idéia de uma história universal de um ponto de vista cosmopolita*. São Paulo: Brasiliense, 1986. (ed. bilíngüe alemão e português).

KIERKGAARD, S. *El amor y la religion*. Buenos Aires: Santiago Rueda, s.d.

LACOUTURE, J. A história imediata. In: LE GOFF, J. (Org.) *A história nova*. São Paulo: Martins Fontes, 1990.

LANGLOIS, C.-V., SEIGNOBOS, C. *Introduction aux études historiques*. Paris: Hachette, 1898.

_____. *Introdução aos estudos históricos*. São Paulo: Renascença, 1946.

LE GOFF, J. A história nova. In: _____. *A história nova*. São Paulo: Martins Fontes, 1990.

LEBRUN, G. Un historien dans le sublunaire. In: *Critique*. Paris: Minuit, 1971.

LEFEBVERE, G. *La naissance de l'historiographie moderne*. Paris: Flammarion, 1971.

MACAULAY, T. B. History. In: STERN, F. (Ed.) *The Varieties of History*. 9.ed. Cleveland: The World Publishing Co., 1963.

MANDELBAUM, M. *The Anatomy of Historical Knowlodge*. Baltimore, London: The John Hopkins University Press, s.d.

MARROU, H.-I. *De la connaissance historique*. 3.ed. Paris: Seuil, 1958.

MERLEAU-PONTY, M. *L'oeil et l'esprit*. Paris: Gallimard, 1960.

_____. Le méthaphisique dans l'homme. In: _____. *Sens et non sens*. Paris: Nayel, 1985.

MILL, J. S. *Sistema de lógica dedutiva e indutiva*. São Paulo: Abril, 1974. (Os Pensadores, XXXIV).

MINK, L. O. The autonomy of historical understanding. In: _____. *History and Theory*. 1965. v.1.

MOMIGLIANO, A. *Problèmes d'historiographie ancienne*. Paris: Gallimard, 1983.

_____. *Storia e storiografia antica*. Bologna: Mulino, 1987.

ORIEUX, J. A arte do biógrafo. In: DUBBY, G. et al. *História e nova história*. Lisboa: Teorema, s.d.

POE, E. A. A carta roubada. In: _____. *Histórias extraordinárias*. Rio de Janeiro: Globo, 1987.

POPPER, P. *Poverty of Historicism*. New York: Harper & Row, 1957.

_____. *Logic of Scientific Discovery*. New York: Harper & Row, 1965.

PRADO JÚNIOR., C. *História econômica do Brasil*. 20.ed. São Paulo: Brasiliense, 1977.

REVEL, J. Histoire et Sciences Sociales: les paradigmes des *Annales*. *Annales E. S. C.*, 34ème année, n.6, nov.-déc. 1979.

ENREDOS DE CLIO: PENSAR E ESCREVER A HISTÓRIA COM PAUL VEYNE   213

RICKERT, H. La filosofia de la storia. In: ABBAGNANNO, N. (Dir.) *Lo storicismo tedesco*. Torino: UTET, 1977.

RICOEUR, P. *La métaphore vive*. Paris: Seuil, 1975.

_____. *Temps et récit*. Paris: Seuil, 1983. v.I.

ROBERT, L. Épigraphie. In: SAMARAN, C. (Dir.) *L'histoire et ses méthodes*. Paris: Gallimard, 1967. (Enc. de la Pléiade).

ROMMILY, J. *Précis de littérature grècque*. Paris: PUF, 1980.

ROSSI, P. Introduzione. In: DILTHEY, W. *Critica de la ragione storica*. Torino: Einaudi, 1954.

SANTO AGOSTINHO. *Confissões*. 9.ed. Petrópolis: Vozes, 1989.

SCHAFF, A. *História e verdade*. 2.ed. Lisboa: Martins Fontes, 1983.

SCHOPENHAUER, A. Die Welt als Wille und Vorstellung. Dritte Auflage. In: *Sammtliche Werke*, Leipzig: F.U. Brodhaus, 1877. bd. III.

SEIGNOBOS, C. *La méthode historique apliquée aux sciences sociales*. Paris: Alcan, 1901.

SPENGLER, O. *Untertang des Abendlandes*: umrisse eine morphologie der Weltgeschichte. Unverändert Auflage. München: Beck'sche, 1920.

STEGMÜLLER, W. *Probleme und Resultate der Wissenchaftstheorie und Analytischen Philosophie*. Dritte Auflage. Heidelberg, Berlin: Springer-Verlag, 1983. bd. I.

STONE, L. The revival of narrative: reflections on a new old history. *Past and Present*, v.85, nov. 1979.

THOMPSON, E. P. Time, work-discipline and industrial capitalism. *Past and Present*, v.38, dez. 1967.

_____. *Poverty of Theory and Other Essays*. New York: Monthly Review Press, 1978.

TUCÍDIDES. *Histoire de la Guerre du Péloponese*. Paris: Hachette, 1904.

_____. *History of the Peloponesian War*. Cambridge, London: Harvard University Press, W. Heinemann, 1935. (The Loeb Classical Library, s.1).

VALÉRY, P. Discours de l'histoire. In: _____. *Oeuvres*. Paris: Gallimard, 1957. t.I. (Bibliothèque de la Pléiade).

VEYNE, P. *Comment on écrit l'histoire*. Paris: Seuil, 1971.

_____. L'histoire conceptualizante. In: LE GOFF, F.; NORA, P. (Dir.) *Faire de l'histoire*: nouveaux problèmes. Paris: Gallimard, 1974.

_____. *Le pain et le cirque*: sociologie historique d'un pluralisme politique. Paris: Seuil, 1976.

_____. *Foucault révolutionne l'histoire*. Paris: Seuil, 1978.

_____. Rome devante la pretendue fuite de l'or: mercantilisme ou politique disciplinaire? *Annales E. S. C.*, 34^{emè} année, n.2, fév.-mars. 1979.

VEYNE, P. *O inventário das diferenças*: história e sociologia. São Paulo: Brasiliense, 1983.

WALSH, W. H. *Philosophy of History*: An Introduction. New York, Evanston: Harper & Row, 1960.

_____. Colligatory concepts in history. In: GARDINER, P. (Ed.) *Theories of History*. London: Oxford University Press, 1974.

WEBER, M. *Essais sur la théorie de la science*. Paris: Plon, 1965. (Trad fr. Julien Freund).

_____. *Gesammelte Aufsätze zun Wissen chaftslehre*. Tübingen: J. C. B. Mohr, 1968.

WHITE, H. *Metahistory*: The Historical Imagination in Nineteenth-Century Europe. London: Johns Hopkins University Press, 1973.

_____. The question of narrative in contemporary historical theory. *History and Theory*, v.XXIII, n.1, 1984.

SOBRE O LIVRO

Formato: 14 x 21 cm
Mancha: 23 x 43 paicas
Tipologia: Classical Garamond 10/13
Papel: Offset 75 g/m² (miolo)
Cartão Supremo 250 g/m² (capa)
1ª edição: 2003

EQUIPE DE REALIZAÇÃO

Coordenação Geral
Sidnei Simonelli

Produção Gráfica
Anderson Nobara

Edição de Texto
Nelson Luís Barbosa (Assistente Editorial)
Maysa Monção (Preparação de Original)
Ana Paula Castellani e
Fábio Gonçalves (Revisão)

Editoração Eletrônica
Lourdes Guacira da Silva Simonelli (Supervisão)
Luís Carlos Gomes (Diagramação)

Impressão e Acabamento
na Gráfica Imprensa da Fé